Ulli Amon-Jell Fritz Gillinger

WIRTSHAUSKOCHBUCH

Rezepte aus dem Wirtshaus

WIRTS HAUS KOCH BUCH

Ulli Amon-Jell

Rezepte aus dem Wirtshaus

Viel Spaß mit dem Buch
Alles Gute
Ulli Amon-Jell

LW EDITION

NP BUCHVERLAG

Was bleibt?

Wenn die Karawane weiterzieht, sich die Kameras auf wen anderen richten, der Erfolg vielleicht Pause macht oder die Kraft einmal nachlässt, dann bleibt, was du wirklich hast und wirklich bist. Was ich wirklich habe: den Laurent, den Vincent und meine zwei Helmuts – meine Familie. Und meine Gäste. Was ich wirklich bin: Mutter und Ehefrau, ein unerschütterlicher Familienmensch. Und eine Gastgeberin mit Leib und Seele. Euch möcht' ich zuerst danken: meiner Familie und meinen Gästen.

Ein großes Danke meinem Wirtshausteam für die Fröhlichkeit und den Einsatz, allen voran meiner Köchin Silvia, die mich seit ihrer Lehrzeit begleitet und meine „Kocheskapaden" geduldig und mutig mitträgt. Danke auch an dich, lieber Klaus Merkl, du hast an meinen Erfolg schon zu Zeiten geglaubt und mich motiviert, als volle Reservierungsbücher und Hauben noch unerreichbar für mich schienen.

Foto: Johannes Kittel

Lob der Wirtin Wundermild

Von Christoph Wagner

Es gibt Köchinnen, die auch Wirtinnen sind, und es gibt Wirtinnen, die auch Köchinnen sind. Die kochende Wirtin schlechthin gibt es jedoch, zumindest in Niederösterreich, nur einmal, und ihr Name ist Ulli Amon-Jell. Weiß der Himmel oder auch die Hölle, wie Ulli Jell das hinkriegt, in der Küche und beim Gast zugleich allgegenwärtig zu sein. Aber sie schafft es, ihren Gästen den Himmel auf Erden zu bereiten, ohne ihren MitarbeiterInnen in der Küche deswegen die Hölle heiß zu machen.

Ulli Jell ist jedoch nicht nur eine kochende Wirtin, sondern sie ist die Ikone der kochenden Wirtin. Sie ist Gastfreundin und Bacchantin zugleich, sie verkörpert die Botticelli´sche Venus ebenso souverän, wie sie jede der drei Rubens´schen Grazien sein könnte. Sie ist aber nicht nur die große kulinarische Verführerin, sondern auch die große Mutter, und in Sachen Ursuppe traut man ihr jegliche Kompetenz der Welt zu. Obendrein ist Ulli Jell auch noch mit einem vorzüglichen Fleischhauer verheiratet, und wenn sie einmal mannhaft die Faust ballt, so versteckt sich zumeist ein Fleischknödel oder eine Saumaise in der hohlen Hand. Wiewohl längst nicht nur tatsächlich, sondern auch im Sinne der Restaurantkritik „unter der Haube", ist Ulli Jell niemals eine Haubenköchin im klassischen Sinn gewesen. Zwar versteht sie es durchaus auch, den vazierenden Genießer durch rosa gebratenes Rindsfilet mit Gänseleberscheibe in Trüffelbutter auf Steinpilznudeln zu bezaubern. Zwar sind auch ihr die Jakobsmuscheln nicht fremd, auch wenn ihr dazu weder Safransud noch Orangenfilets, sondern Blunzenkrusteln einfallen. Alles in allem ist Ulli Jell jedoch jeden Zoll keine Küchen-Esoterikerin, sondern das exakte Gegenteil davon.

Es ist also auch kein Zufall, dass die Wirtin Wundermild aus Krems vom Nachrichtenmagazin Profil wie auch vom Gastronomieführer „Wo isst Österreich?" als ein auch international vorzeigbares Aushängeschild des „österreichischen Wirtshauswunders" auf den Schild gehoben, oder, präziser: für das Cover abgelichtet wurde. Wie keine andere repräsentiert Ulli Amon-Jell nämlich sämtliche Tugenden moderner „Wirtshauskultur", kulinarhistorisch betrachtet, auch „Neuer Regionalismus" genannt. Ulli Jell beherrscht nicht nur ihre Rolle als Gastgeberin souverän, sondern sie versteht es auch, althergebrachte und moderne Kochtechniken, gewissermaßen symbiotisch, so aneinander zu führen, dass daraus eine Küche entsteht, die sowohl traditionell als auch zeitgemäß, die deftig, aber durchaus auch duftig und bodenständig, aber in ihren Grundzügen auch ernährungsbewusst und gesund ist.

Ulli Jell ist nicht mit Pürierstab und iSi, sondern doch wohl eher mit den Insignien Kochlöffel und Nudelwalker in der Hand auf die Welt gekommen. Sie beherrscht Grundlagen wie den optimalen Gulaschansatz blind und kocht Linsen ohne allen Schnickschnack, aber dafür mit einem Maximum an Geschmack. Sie hat das Bekenntnis aller echten österreichischen Köchinnen zur „vernünftigen Einbrenn" abgelegt und erspart uns dafür ungesunde Überdosen an Crème fraîche. Vor allem aber weiß sie, dass bei der schönen Kunst des Kochens zwar die Augen mitessen, dass wahre kulinarische Schönheit aber letztlich doch über die Geschmacksknospen erfahren wird.

Ulli Jells Küche ist daher so wahrhaftig, authentisch und unverfälscht, wie es auch das Ensemble ihres Kremser Edelwirtshauses ist, in dem Ulli Jell den Part der Küchenperle gibt.

Ihre Kochkunst ist stets anmutig, aber immer auch herzhaft. Ihre Stärken mögen zwar durchwegs diesseits der Fleischeslust bei Schopfbraten, Gansl, Selchfleisch, Rostbraten und Wild liegen, doch Ullis Liebe gehört mindestens ebenso den weichen und femininen Zutaten, der Hagebutte, den Beeren und den Früchten, den Erdäpfeltascherln und den Kräuterfüllen, den Paradeissoßen und dem Paprikakraut, dem Sellerie, dem Wurzelgemüse und dem Kohlrabi.

Und dann führt da, last, not least, auch noch der Weg von der Gulaschhölle direkt in den Mehlspeishimmel, der mit Grießschmarren, Topfenstrudeln, Schokokugeln, Nussnockerln, Marillenröstern und Zwetschkenknödeln gepflastert ist.

Ulli Jells Küchenkosmos ist unergründlich, kennt weder Anfang noch Ende, ist aber leicht zu finden: Es ist der Kosmos einer echten, unprätentiösen und grundehrlichen Wirtshausküche.

Wenn's vom Teller lacht

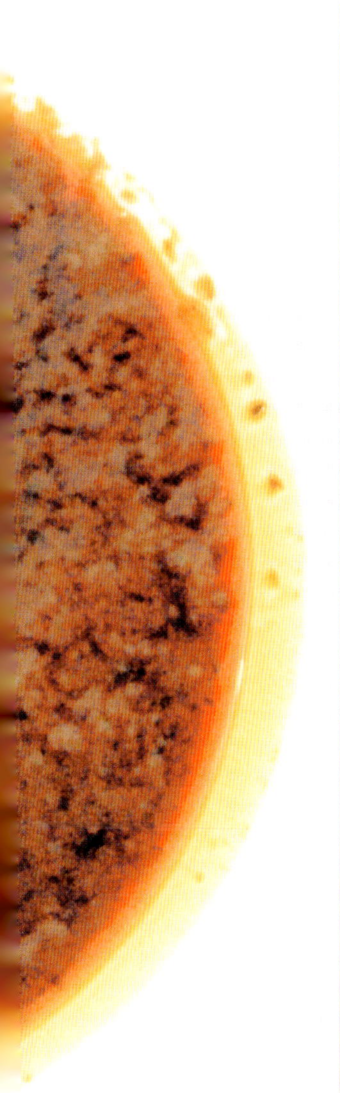

Gulasch, Jakobsmuscheln mit Blunzenkrusterln, Linsen, Tintenfischkraut. – Jetzt wissen Sie schon eine Menge über meine Art zu kochen. Bodenständige Produkte und Rezepte zu verändern, mit neuen Zutaten und Kombinationen zu überraschen, aber auch manchmal die einfachen Dinge so zu lassen wie sie sind – das nenn' ich Wirtshausküche von heute. Und wenn diese Art von Wirtshausküche da und dort mit meinem Namen verbunden wird, freut mich das.

Was Kochen bei mir nie sein darf: eine traurige Angelegenheit. Diese komplizierten Kreationen, die ernsthaft hergestellt und mit noch ernsthafteren Gesichtern verzehrt werden. Dieses Wettkochen um die nächsten Superlative, die teuerste, die ausgefallenste Zutat. Diese hochgeschraubten Erwartungen, die unweigerlich irgendwann mal mit einer Enttäuschung enden. Das ist alles nicht meins. Bei mir muss Kochen und Essen witzig sein.

Wer witzig ist, ist mutig. Das muss man sein, wenn man Neues probiert. Und weil man ja nicht alles so ernst nimmt, macht's dann auch nichts aus, wenn mal was nicht so ganz gelingt. Probieren Sie deshalb ruhig in Ihrer Küche Neues und Ungewöhnliches aus. Haben Sie Mut zu neuen Kombinationen, werden Sie Ihr eigener Rezeptlieferant!

Entdeckungsreisen mit Bodenhaftung

Meine besten Ideen hab ich immer sehr spät am Abend. Wenn ich nach der Sperrstunde mit meiner Köchin Silvia bei einem Glaserl Wein sitze und tief durchatme, dann ist der Kopf wieder frei für Neues. Wir spinnen dann so vor uns hin, was man nicht alles machen könnte und womit wir unsere Gäste wieder überraschen werden. Und dann bleibt oft eine Idee hängen. Gleich am nächsten Tag gehen wir in unsere „Versuchsanstalt“, die Wirtshausküche, und setzen die Idee vom Vortag um. Klar, dass bei strengem Küchenlicht nicht viel von dem übrig bleibt, was am Vorabend so verlockend schien, aber manch ein Gericht schafft es dann doch auf die Karte. Und einige wenige davon werden sogar zu jungen Klassikern. Das sind jene Gerichte, die wir nicht von der Karte nehmen dürfen, weil sonst zu viele Gäste dagegen protestieren würden.

Was hat die Ulli Neues auf der Karte? – Diese Frage stellen sich viele, die nach einer kleinen Pause wieder in unser Haus kommen. Andere wieder denken das Gegenteil und hoffen, ihre vertrauten Lieblinge wieder auf der Karte zu finden. Es ist genau dieses aufregende Spiel zwischen Altem und Neuem, zwischen Erfüllen von Erwartungen und Überraschen, der ständige Prozess Neues zu entdecken ohne dabei das Alte über Bord zu werfen, was meine Wirtshausküche ausmacht.

Spielen Sie dieses Spiel einfach mit! Entdecken Sie Ihre Lieblingsrezepte in diesem Buch und lassen Sie sich zu eigenen Kochideen inspirieren. Und vor allem eines: Haben Sie Spaß am Genuss!

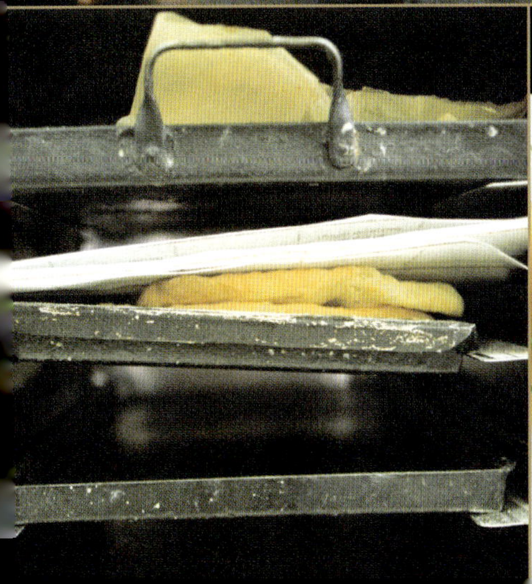

Der Platz, an dem ich bin

Krems, das Tor zur Wachau. Im ältesten Teil der Stadt liegt der Hohe Markt, und auf diesem Platz steht unser Wirtshaus. Im 16. Jahrhundert wurde es erbaut und fast schon immer war es ein Haus, in dem Gäste bewirtet wurden. Ein Wirtshaus im besten Sinne des Wortes eben. Meine Familie ist 1897 hierher gekommen. Es war mein Urgroßvater Josef Jell, der es erworben und mit seiner Frau Maria Anna die Wirtshaus-Generation begründet hatte, die mit mir schon in die vierte Runde geht. Mit den verwinkelten Häusern, Gassen und dem Katzenkopfpflaster vermittelt der Hohe Markt etwas von der südländischen Leichtigkeit des Seins. Hier an diesem Platz, in diesem Haus bin ich aufgewachsen. Und ich wollte ehrlich gesagt auch nie woanders leben als in diesem wuchtigen, alten Bau, der mich nie einengte und dabei stets beschützte, wie es auch meine Eltern getan haben.

Mein großes Wohnzimmer

„Das schaffst du nie! Schon gar nicht allein als Frau. Wenn du das Wirtshaus nicht übernimmst, haben wir alle ein ruhigeres Leben!" – Aber wer will schon Ruhe, wenn er jung ist und Wirtshausblut in den Adern hat? Also hörte ich nicht auf meinen Vater, den Wirt Karl Jell, und ließ mich 1990 auf das Abenteuer eines eigenen Betriebes ein. Helmut, mein Mann – als Fleischhauer in Krems selbst Unternehmer –, unterstützte mich auf die beste Art, wie das ein Ehemann in dieser Situation tun kann. Er war da, wenn ich ihn brauchte, und ließ mich machen. Was gar nicht so leicht war 1990. Helmut, mein erster Sohn – Vincent (1996) und Laurent (1999) sollten noch folgen –, war gerade mal ein Jahr geworden und Vaters Gäste hatten auch nicht gerade auf das Töchterl als neue Wirtin gewartet. Der Anfang war ziemlich schlimm. Manche Stammgäste mochten sich nicht an den Umbruch gewöhnen und blieben aus. Und dann tat ich noch etwas, das in Kremser Kreisen für

großen Aufruhr sorgte: Ich sperrte mein Wirtshaus Samstag und Sonntag ab Nachmittag zu. Wie *kann* man nur? Ich *musste,* denn mir war von Beginn an klar, dass ich nur so mein Familienleben vor dem Auseinanderfallen bewahren konnte. Diese ungewöhnlichen Ruhezeiten hab ich bis heute beibehalten. Helmut und ich machen an den Wochenenden Ausflüge mit den Kindern, wir treffen uns am Samstagabend mit Freunden – ganz wie „normal" Berufstätige auch. Ein schöner Luxus für eine Wirtin, aber anders würd' ich's auch gar nicht machen wollen.

Gerede also und mürrische Stammgäste, aber wenig Geschäft. Ich wusste, ich musste meinen eigenen Weg finden, meine Linie, mit der sich mein Wirtshaus von den anderen unterscheidet, etwas, das zu mir und dem Ambiente passt. An einem solchen grüblerischen Abend saß ich allein in der Gaststube. Sie ist schon seit über

100 Jahren eine Gaststube. Die Türe quietscht, der Boden knackt und die Zirbenholzlamperie, die Großvater vor über 50 Jahren teuer einbauen ließ, knarrt. Und als es so quietschte, knackte und knarrte, hatte ich die Eingebung: Es muss etwas „Altes" sein, etwas, das zu diesen Räumen hier passt!

Ich kramte die alten Rezeptbücher meiner Mutter, Großmutter und Urgroßmutter hervor. Schließlich waren ja alle Wirtshausköchinnen gewesen. Nicht nur im Wirtshaus Jell. Meine Mutter Elisabeth hatte im elterlichen Gasthof in Rossatz aufgekocht, Großmutter Anna war wiederum im Gasthof ihrer Eltern in Langenlois tätig, und Urgroßmutter Maria Anna hatte im Hotel „Österreichischer Hof" (heute: Sacher) gelernt, als sie den dort tätigen Josef Jell kennen lernte und mit ihm 1897 das Wirtshaus am Hohen Markt 8 eröffnete. Die gesammelten Schätze ackerte ich nun durch, auf der Suche nach Rezepten, die den Geist des Gasthauses Jell widerspiegeln sollten.

Unser Wirtshaus im Jahre 1915. Damals noch mit Salettl

4. Generation: Helmut und ich

Vier Generationen – ein Wirtshaus

1. Generation: Meine Urgroßeltern, Maria Anna und Josef Jell mit Familie

2. Generation: Anna und Josef Jell, meine Großeltern

3. Generation: Meine Eltern Elisabeth und Karl Jell

Natürlich übernahm ich die Angaben nicht originalgetreu. Ich variierte, spielte mit den Zutaten, ergänzte und ließ so manche eigene Vorliebe einfließen. Im Grunde ist das auch noch heute meine Vorgangsweise in der Küche: Ich nehme Traditionell-Bodenständiges, alte Rezepte und urige Wirtshausküche und versuche, ihr mit ungewöhnlichen, überraschenden, neuen und frischen Kombinationen neues Leben einzuhauchen.

Und das Konzept schlug ein! Die Gäste mochten diese verrückte Mischung, und die Gaststube füllte sich. Bald fanden sich auch erste positive Zeitungsberichte auf den Gourmetseiten der Medien. Dann, 1998, die erste Haube! Auch und gerade für eine Wirtshauswirtin vom Lande ein Hammer, den man erstmal verdauen muss. Denn natürlich war diese Haube nicht nur Belohnung für das Vergangene, sondern für mich auch gleichzeitig eine immense Verpflichtung für die Zukunft. Für eine zweifache Mutter (1996 wurde unser zweiter Sohn Vincent geboren) wäre dies alles ohne Kindermädchen und ohne einen verständnisvollen Mann ein Ding der Unmöglichkeit gewesen. Für eine dreifache Mutter erst recht. Denn mittlerweile erwartete ich mit Laurent unseren dritten Buben. Deshalb hatte ich für meine Mitarbeiter an dem Tag, als ich von der Haube erfuhr, auch gleich eine zweite Überraschungsmeldung auf Lager: Ich bin schwanger!

Meine Wirtshausphilosophie nahm mehr und mehr Konturen an: Die Rezepte alt und bodenständig, mit frischem Pepp. Die Zutaten qualitätsvoll und aus der Gegend soweit möglich. Und die Zubereitung kreativ und mutig. Das Ambiente wurde (wieder) mehr und mehr zu dem, was schon mein Großvater angestrebt hatte: *„Vom Kohlenschaufler bis zum Generaldirektor sollen sich hier alle wohl fühlen!“* 2000 empfanden das wohl einige so, denn in diesem Jahr wurde ich von einer unabhängigen Fachjury zur „Top Wirtin des Jahres 2000“ gekürt. Eine großartige Auszeichnung mit großem Echo.

Heute habe ich meine Linie gefunden. Das heißt aber nicht, dass ich nicht immer noch ständig auf der Suche nach neuen Rezepten und Varianten bin. Nach kleinen und größeren Möglichkeiten, meinem Wirtshaus einen neuen Impuls zu verleihen, ohne den Charakter zu verändern. Denn das Ambiente ist das größte Kapital meines Hauses. Von den Gästen wünsche ich mir den *„Aaaahhhh“*-Effekt, wenn sie das Lokal betreten, das eine oder andere *„Oooohhhh“*, wenn sie Überraschendes auf der Karte finden, und ein herzhaftes *„Mmmmhhhh“* beim Verzehr der Speisen. Diese Momente sind Motivation für mich als Wirtin in meinem großen Wohnzimmer, das meine Gäste Wirtshaus nennen.

Der Saft des Lebens

Jedes Jahr mach ich das. Da setz ich mich am 24. Dezember an meinen Lieblings-Ecktisch im Wirtshaus und sag Danke. Es ist dann meist kurz nach 3 Uhr Nachmittag. Ich hab grad den letzten Gast mit lieben Weihnachtswünschen zur Tür hinausbegleitet. Ich setz mich also auf das Bankerl und sag Danke. Dem Herrgott. Ich brauch ja nicht weit schauen, schließlich hängt gleich in der Ecke über dem Tisch das Kruzifix. Was ich dem lieben Gott da so zu sagen hab, gehört nicht hierher. Nur so viel: Ich hab noch jedes Jahr zig Gründe gehabt, mich zu bedanken, und selten einen, mich zu beschweren.

Ja, ich bin ein Glückskind. Im Wirtshaus aufgewachsen mit liebevollen Eltern. Immer wer da, wenn man wen gebraucht hat, immer Menschen um mich, die meist fröhlich waren. Und waren sie es mal nicht, auch kein Malheur: Irgendwie haben mich die Grantler oft mindestens genauso amüsiert wie die Witzereißer. Die Lebensfreude und den Optimismus hab ich von meiner Mutter und meiner Großmutter in die Wiege bekommen. Der Boden, auf dem sich diese Anlagen kräftig entwickeln konnten, war und ist das Wirtshaus. Das Wirtshaus ist für mich noch heute mehr Heimat als Arbeitsstätte. Und die Lebensfreude und der Optimismus sind in den Jahren nicht kleiner geworden. Auch wenn nicht immer alles zartrosa war.

Jedes Jahr, wenn ich am 24. Dezember dem Herrgott Danke sag, dann schau ich auch die 10 Zentimeter nach links. Da hängt eine Zeichnung vom begnadeten Menschenabbilder und Genießer Manfred Deix. Das Kruzifix und die Deix-Karikatur gleich daneben – eine „wilde Mischung", die das Leben schreibt und die ein gutes Symbol dafür ist, was mich und was meine Wirtshausküche ausmacht.

Amon

Ein Kind
das wird auf Erden
der grösste Schatz wohl sein.
Sein Wachsen und sein
Werden
wärmt wie der Sonnenschein.
HELMUT 24.1.89
0.50h
VINCENT 21.2.96
8.20h
LAURENT 24.3.98
10.40h

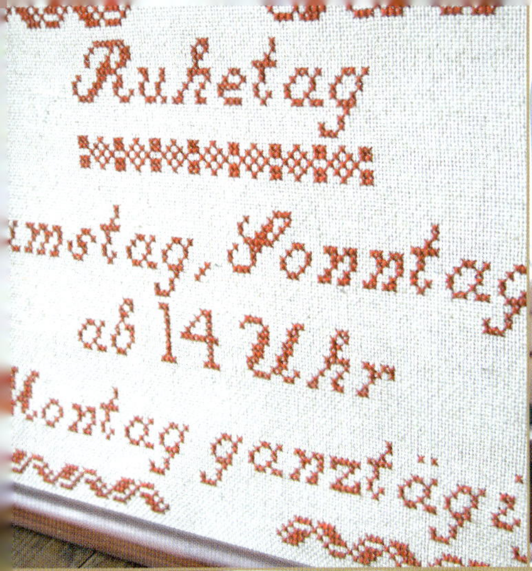
Ruhetag
Sonntag
ab 14 Uhr
Montag

INHALT

INHALT

Seien Sie großzügig!

Zu einer Wirtshausküche, wie Ulli Amon-Jell sie versteht, gehört auch eine gewisse Großzügigkeit. Bei ihr darf keiner hungrig vom Tisch gehen. In dieser Tradition sind auch die Mengenangaben für dieses Kochbuch zu verstehen. Rechnen Sie also immer mit großen Portionen, von denen 4 Personen ordentlich satt werden.

Erbsenzähler sind die vom Wirtshaus Amon-Jell auch keine. Hier geht es zwar hochkonzentriert und hochprofessionell, aber nie perfektionistisch und fast immer lustig zu. In Ullis Wirtshausküche passiert deshalb viel „aus dem Handgelenk". Die jahrzehntelange Erfahrung bringt das mit sich. Deshalb war es für uns in manchen Fällen gar nicht so leicht, aus unterschiedlichsten Stichwortzetteln Kochrezepte zum möglichst einfachen Nachkochen zu erarbeiten. Jede Zutat musste hinterfragt, abgewogen und gemessen werden, jede Mengen- und jede Zeitangabe wurde geprüft. Wir haben das nach bestem Wissen und Gewissen und mit sachkundigster Unterstützung getan. Im Falle etwaiger Fehler, Irrtümer oder Unklarheiten hoffen wir, dass sich auch unsere LeserInnen von Ullis wirtshaustypischer Großzügigkeit anstecken lassen.

Das Redaktionsteam

Alle Rezepte in diesem Buch sind – wenn nicht anders angegeben – für 4 Personen ausgerichtet. Alle Weintipps wurden von VINARIA, Österreichs führende Weinzeitschrift, zusammengestellt. Trotz sorgfältiger Bearbeitung sind Irrtümer und falsche Angaben nicht auszuschließen. Sollten Sie eine Kritik, eine Anregung oder ein Lob zu diesem Buch haben, freue ich mich über ein E-Mail an amon-jell@utanet.at.

Großzügigkeit, wie ich sie verstehe: Zum Gedeck gibt's im Wirtshaus Amon-Jell Helmuts Selchspeck, Leberpastete und Kräutertopfen.

VORSPEISEN

Brennnessel-Schafkäseroulade

auf verschiedenen Blattsalaten

Was macht eine gute Wirtshausküche aus? Ein wichtiges Merkmal ist für mich, dass möglichst viele Zutaten aus der unmittelbaren Umgebung kommen. So wie die Brennnessel eben. Im März, April und Mai sind die Blätter noch jung und bestens für meine Zwecke zu gebrauchen. Beim Ernten sind Handschuhe sehr zu empfehlen, die ganz Harten packen ohne Schutz zu. Mir sind Brennnesseln ehrlich gesagt am liebsten sicher eingepackt in einer flaumigen Roulade. Übrigens: Wenn Sie schon mal beim Brennnesselpflücken sind, nehmen Sie gleich ein paar Hand voll mehr für eine schmackhafte Brennnesselsuppe am nächsten Tag.

Brennnesselroulade
2 Hand voll Brennnesselblätter
1 EL Butter
8 Eier
1/8 l Obers
2 EL Parmesan, frisch gerieben
150 g Mehl, glatt
Salz, Pfeffer
Muskatnuss

Schafkäsefülle
250 g Schafkäse (Feta)
1 EL Sauerrahm
Frische Kräuter (z.B. Basilikum, Salbei, Schnittlauch)
Blattsalat nach Lust, Laune und Saison

Die Brennnesselblätter kurz in heißem Wasser blanchieren (das zerstört die Brennhaare) und kalt abschrecken. Die Blätter in einem Tuch oder mit der Salatschleuder trocknen und fein hacken. In Butter dünsten, bis die Kochflüssigkeit verdampft ist. Überkühlen lassen. Die ganzen Eier über Dampf mit Schneebesen oder Handmixer so lange aufschlagen, bis eine cremige Masse entsteht. Gedünstete Brennnesseln, Obers, Parmesan und Mehl unter die Eimasse ziehen, mit Salz, Pfeffer und einer Prise Muskatnuss würzen.

Den Teig auf ein mit Backpapier ausgelegtes Blech streichen und auf der mittleren Schiene bei 200 Grad 8–10 Minuten backen. Den fertigen Teig mitsamt dem Backpapier auf ein sauberes Tuch stürzen und das Papier vorsichtig abziehen. Sollte das schwer gehen, das Papier vorher mit Wasser befeuchten. Noch heiß rollen, sonst bricht der Teig. Eingerollt auskühlen lassen.

Den Feta durch ein Sieb streichen oder mit der „Flotten Lotte" passieren. So lange Sauerrahm beigeben und durchrühren, bis der Käse eine geschmeidige, aber keinesfalls zu flüssige Konsistenz erreicht hat. Die fein gehackten Kräuter unterrühren.

Die Teigrolle vorsichtig öffnen und die gesamte Fläche mit der Schafkäse-Mischung bestreichen. Wieder einrollen und für ca. 2 Stunden rasten lassen. In 1–2 cm dicke Scheiben schneiden und auf marinierten Blattsalaten servieren.

MEIN TIPP

Aus dem Teig allein lassen sich auch herrliche Schöberl machen. Eine perfekte Einlage für Rindssuppen zum Beispiel. Statt ihn zu rollen, schneidet man den ausgekühlten Teig in Rauten. Das ist die klassische Form. Wenn Sie Abwechslung wollen, können Sie mit dem Keksausstecher auch Sternen-, Halbmond- oder Was-auch-immer-Schöberlsuppeneinlagen fabrizieren.

VINARIA-TIPP

Weißburgunder, Weingut Ernst, Großwiesendorf

VARIATIONEN

Brennnesseln sind meine Lieblinge für dieses Gericht, aber es geht natürlich auch anders. Ebenso geeignet sind Bärlauch, junger Blattspinat oder Mangold. Statt dem Feta können Sie auch Gervais oder einen würzigen Ziegenkäse nehmen.

VARIATIONEN

Wenn's beim Anrichten einmal anders ausschauen soll: Beef Tatar-Mischung in kleine, mit Öl ausgepinselte Puddingformen drücken. Fürs Servieren Form umstürzen, mit dem Finger eine kleine Vertiefung oben in das Beef Tatar drücken und mit einem Wachteleidotter füllen.

Beef Tatar

Einfach ein Hammer!

Aus meiner Küche ist es ja nie verschwunden, das Beef Tatar. Es gab aber auch Zeiten, da verlangten in meinem Wirtshaus nur die Standhaftesten nach diesem Gericht. Heute erlebt der Klassiker Beef Tatar eine Wiedergeburt. Und meine standhaften Gäste haben es ja ohnehin schon immer gewusst ... Ganz wichtig: Hacken Sie alle Zutaten sehr klein. An diesem Umstand nämlich – fein oder nicht fein – entscheidet es sich, ob das Beef Tatar ganz gut oder eben ein Hammer wird.

Beef
500 g Tatar-Fleisch (Rindslungenbraten oder „Schwarzes Scherzl", vom Fleischhauer gleich doppelt faschieren lassen)

Gewürzmischung
4 Schalotten
7 kleine Essiggurkerln
1 EL Kapern
5 Sardellen (oder 1 EL Sardellenpaste)
1 EL Senf
1 TL Ketchup
1/2 TL Sambal Olek
1 TL Rosenpaprika
1 Spritzer Worchestershire-Sauce
Salz, Pfeffer aus der Mühle
3 EL Olivenöl

4 Wachteleidotter zum Garnieren

Schalotten, Essiggurkerln, Kapern und Sardellen sehr fein hacken und mit den Gewürzen und dem Olivenöl vermischen.

Fleisch erst kurz vor dem Servieren zur Gewürzmischung geben, durchrühren und im Kühlschrank kurz ziehen lassen.

Das Tatar zu vier gleich großen Laibchen formen und mit Butter und getoastetem Weißbrot anrichten.

MEIN TIPP

Diesen Tipp hab ich meinem Mann zu verdanken: Fürs Beef Tatar muss es nicht immer der teure Rindslungenbraten sein. Verlangen Sie beim Fleischer nach dem „Schwarzen Scherzl" oder einfach nach einem mageren Schnitzelfleisch vom Rind. Beides schmeckt auch hervorragend und kostet um vieles weniger. Lassen Sie das Fleisch auf jeden Fall gleich doppelt faschieren, kühlen Sie es so rasch wie möglich ein und verbrauchen Sie es noch am selben Tag. Wer's ganz „original" mag, hackt das Fleisch mit einem Messer fein. Ich finde aber, dass das Faschieren weder Geschmack noch Optik beeinflusst. Die Gewürzmischung können Sie am Tag vorher zubereiten und kühl stellen. Das Fleisch kommt erst kurz vor dem Anrichten dazu. Wachteleier gibt's im Supermarkt im Kühlregal.

VINARIA-TIPP

Cuvée Triage Rot, Weingut Laurer, Deinzendorf

Hauchdünnes Rindsfilet

mit eingelegten Eierschwammerln und Blattsalaten

Eine Vorspeise, die immer Saison hat. Nicht zuletzt deshalb, weil Sie die Schwammerln durchs Einlegen ja länger haltbar machen können. Erfrischend an heißen Sommertagen und eine gute Einstimmung für ein opulenteres Mahl in der kalten Jahreszeit.

Rindsfilet
400 g Rindslungenbraten (im Ganzen)
2 Blätter Salbei
1 Zweig Basilikum
1 kleiner Bund Petersilie
1 kleiner Bund Dille
2 EL Parmesan, frisch gerieben
Salz, Pfeffer

Eingelegte Eierschwammerln
2 Hand voll Eierschwammerln (oder andere Waldpilze)
2 EL Olivenöl
Salz
1/2 TL Kümmel, gestoßen
Saft von 1/2 Zitrone
1/8 l Olivenöl
1 Knoblauchzehe
1 Lorbeerblatt
1 Rosmarinzweig
Salz, Pfeffer

Blattsalat
Blattsalat (nach Saison)
Essig, Öl, Salz, Staubzucker, Pfeffer zum Marinieren

Den Rindslungenbraten salzen, pfeffern und mit den fein gehackten Kräutern großzügig einreiben. Den Braten in Folie eindrehen und im Tiefkühlfach ca. 12 Stunden einfrieren.

Die Eierschwammerln in Olivenöl braten, bis die gesamte Flüssigkeit verdampft ist. Mit Salz, gestoßenem Kümmel, Pfeffer und Zitronensaft würzen. Olivenöl dazugießen, sodass die Schwammerln bedeckt sind.

Knoblauchzehe in dünne Scheiben schneiden und mit dem Lorbeerblatt und dem Rosmarinzweig zu den Schwammerln geben. Abdecken und noch einmal kurz aufkochen lassen.

Den Rindslungenbraten ca. 5 Minuten vor dem Anrichten aus dem Tiefkühlfach nehmen, die Folie entfernen und antauen lassen.

Das Fleisch mit der Wurstschneidmaschine hauchdünn aufschneiden und sofort in Fächerform auf dem Teller anrichten. Darauf die Schwammerln verteilen und mit dem würzigen Olivenöl großzügig beträufeln. In die Mitte etwas marinierten Blattsalat setzen und das Ganze mit frisch gehobeltem Parmesan bestreuen.

Bereiten Sie sich einen kleinen Vorrat an eingelegten Schwammerln zu: Heiße Schwammerln einfach in kleine, gut verschließbare Gläser füllen. So hält die Köstlichkeit noch wochenlang.

MEIN TIPP

Wenn Sie über keine Wurstschneidmaschine verfügen: das Rindsfilet nicht einfrieren, sondern mit einem scharfen Messer in möglichst dünne Scheiben schneiden. Die Scheiben zwischen Klarsichtfolie legen und mit der glatten Seite eines Fleischklopfers vorsichtig dünn klopfen. Auf Teller legen, jetzt erst die fein gehackten Kräuter drüberstreuen und mit Schwammerln, Blattsalat und Parmesan garnieren.

VINARIA-TIPP

Cabernet Sauvignon La Vie Grand Cru, Rotweinmanufaktur Wandraschek, Krems

VARIATIONEN

Eine schnelle und feine Vorspeise: Die eingelegten Eierschwammerln machen sich auch auf dünn geschnittenem Prosciutto sehr gut.

VARIATIONEN

Eine reichhaltigere Version: Rösten Sie gemeinsam mit den Pilzen eine klein geschnittene rote Zwiebel und eine Hand voll Grammeln mit.

Eierschwammerl-Eierspeise

auf Rucola-Vogerlsalat

Es duftet und schmeckt nach Wald, eine locker-luftige Eierspeise hüllt das Ganze ein, und die nussig-zarte Salatkombination bildet den herzhaften Kontrast: Diese Eierspeise gehört – mit einem knusprigen Stück Brot genossen – zu meinen liebsten Imbissen.

Eierspeise
4 Hand voll Eierschwammerln
(oder andere Waldpilze)
1 EL Olivenöl
8 Eier
1/16 l Obers
1 EL Schnittlauchröllchen
2 EL Parmesan
Salz, Pfeffer

Salat
2 Hand voll Rucola
2 Hand voll Vogerlsalat
2 EL Balsamico
1 TL Staubzucker
2 EL Olivenöl
Salz

EierschwammerIn putzen, die größeren in mundgerechte Stücke schneiden und in Olivenöl anrösten. Eier mit Obers und Schnittlauchröllchen verquirlen, salzen und pfeffern und die Eimasse über die SchwammerIn gießen. Etwas rühren, bis die Masse stockt. Den geputzten Rucola und Vogerlsalat mit Balsamico, Zucker, Salz und Olivenöl marinieren.

Eierspeise mit dem Salat anrichten und mit frisch geriebenem Parmesan bestreuen.

MEIN TIPP

Sie können aus dieser Eierspeise auch ein außergewöhnliches Gericht machen: Leisten Sie sich dazu frische Trüffel und hobeln Sie diese über die Schwammerl-Eierspeise. Gutes Trüffelöl ist übrigens auch eine Möglichkeit, aber eben nur ein Kompromiss ...

VINARIA-TIPP

Grüner Veltliner Burgberg Federspiel, Weingut Karl Lagler, Spitz

Russisches Ei

mit Forellenkaviar

Wenn ich „Russisches Ei" höre, werden bei mir sofort Kindheitserinnerungen wach. Da denk ich an ein „nobleres Essen" an einem Sonntagnachmittag bei uns zu Hause. Lange war das „Russische Ei" von „schickeren" Speisekarten verschwunden. Jetzt taucht es wieder auf. Manchmal auch in der teuren Version mit Beluga-Kaviar, der ein Vielfaches vom Forellenkaviar kostet. Ich freu mich über das Comeback, denn ich habe diesen Klassiker der 70er- und 80er-Jahre nie ganz aus den Augen verloren.

Majonäse
2 Dotter
1 EL Gemüsesuppe
(oder Wasser)
1/2 TL Staubzucker
1 Spritzer Zitronensaft
1/2 TL Senf
1/4 l Pflanzenöl
2 EL Jogurt
weißer Pfeffer
Salz

Gemüse
2 EL Karotte, klein gewürfelt
2 EL Sellerie, klein gewürfelt
2 EL Erbsen, tiefgekühlt
1/2 kleiner Apfel, geschält, entkernt
2 kleine Essiggurkerln
Saft von 1/2 Zitrone
1 TL Zucker
weißer Pfeffer
Salz

Pochierte Eier
1 l Wasser
1/8 l scharfer Essig
1 Dose Forellenkaviar (250 g)
4 Salatblätter
4 Eier

Für die Majonäse Dotter, Suppe, Zucker, Zitronensaft, Senf, Salz und Pfeffer mit dem Handmixer verrühren. Langsam das Öl zugießen und weiterrühren, bis eine homogene Masse entsteht. (Wichtig: Alle Zutaten sollten die gleiche Temperatur haben.) Fertige Majonäse mit dem Jogurt vermengen.

Karotten- und Selleriewürfel bissfest kochen. Für die letzte Minute die Tiefkühl-Erbsen dazugeben. Gemüse abseihen und kurz mit kaltem Wasser abschrecken, abtropfen lassen.

Apfel und Essiggurkerln klein schneiden und zum Gemüse geben. Alles mit 4 Löffeln Majonäse vermengen und nochmals mit Zitronensaft, Zucker, Salz und Pfeffer abschmecken.

4 Eier ohne Schale vorsichtig ins köchelnde Essig-Wasser geben (siehe „MEIN TIPP") und ziehen lassen (ca. 3–4 Minuten). Der Dotter soll noch weich sein.

Mariniertes Salatblatt auf Teller legen. 1–2 EL Gemüsemajonäse darauf verteilen. Das pochierte Ei darauflegen, mit einem Löffel Jogurt-Majonäse überziehen und mit Forellenkaviar garnieren.

MEIN TIPP

Pochieren ist die französische Garmethode, wie man sie auch bei der Zubereitung von Fischen kennt. Die Flüssigkeit köchelt, statt zu kochen. Das pochierte Ei („verlorenes Ei") erfordert ein wenig Übung: Schlagen Sie das Ei in einen Schöpflöffel, ohne dass das Eigelb reißt, und lassen Sie das Ei vorsichtig ins leicht siedende Essigwasser gleiten. Mit einem Löffel das Eiweiß immer wieder über das Eigelb ziehen und dabei ca. 4 Minuten köcheln lassen. Es ist ein schöner Anblick für den Genießer, wenn man das Ei anschneidet und sich der weiche Eidotter langsam auf dem Teller ausbreitet.

VINARIA-TIPP

Rieslingsekt, Weingut Karl Steininger, Langenlois

VARIATIONEN

Wenn wir schon bei den Kindheitserinnerungen sind: Die Gemüsemajonäse eignet sich auch zum Herstellen von Schinkenrollen. Dazu etwas dicker geschnittenen Bein- oder Pressschinken mit Gemüsemajonäse füllen, einrollen und mit mariniertem Blattsalat anrichten.

VARIATIONEN

Die Nockerlmasse können Sie auch aus Enten-, Puten- oder Hühnerleber zubereiten. In Förmchen abgefüllt und mit flüssiger Butter versiegelt, hält sich die Köstlichkeit im Kühlschrank tagelang.

Gänseleber-Nockerln

mit gebratener Gänseleber und Süßweinspargel

Ich weiß, Gänseleber ist nicht jedermanns Sache. Ich steh dazu. Ich weiß aber auch, wo meine Gansln und die Innereien herkommen, ich kenne die Bauern und ihre Höfe und bin daher von der Qualität überzeugt. Das folgende Gericht erhält seine Raffinesse durch die Kombination aus zarter Leber in Nockerlform, deftiger, gebratener Leber und feinem, süßem Spargel.

Gänseleber-Nockerln
750 g Gänsestopfleber
je 1 frischer Zweig Majoran, Petersilie, Thymian, Rosmarin
1/2 l Portwein
5 Wacholderbeeren
2 Lorbeerblätter
Salz, Pfeffer
150 g Butter

Süßweinspargel
1/2 l Süßwein (Beerenauslese)
1 TL Kristallzucker
1 Schuss Balsamico
1 Lorbeerblatt
2 Wacholderbeeren
8 Stk. weißer Spargel
Salz, Pfeffer

Vier Scheiben von der Gänseleber abschneiden und einkühlen. Die restliche Gänseleber in eine Marinade aus Portwein, Kräutern, Wacholderbeeren, Lorbeerblättern, Salz und Pfeffer legen und für 24 Stunden kühl stellen.

Die marinierte Leber in 2–3 cm große Würfel schneiden, anrösten und mit Hilfe einer Teigkarte durch ein Haarsieb passieren. Butter über Dunst mit dem Handmixer schaumig rühren und mit der passierten, abgekühlten Leber vermischen. Mit Salz und Pfeffer abschmecken und kühl stellen.

Für den Süßweinspargel Zucker, Essig, Lorbeerblatt, Wacholderbeeren, Salz und Pfeffer im Süßwein aufkochen lassen. Spargel schälen, die holzigen Enden abschneiden und im Süßweinsud weich kochen (ca. 5 Minuten).

Für die gebratene Gänseleber die 4 Scheiben auf beiden Seiten kurz in wenig Öl braten. Dann das Bratfett abgießen und den Bratrückstand mit Süßwein ablöschen. Die Gänseleber jetzt erst salzen und pfeffern und aus der Pfanne nehmen und warm stellen. Den Saft einkochen lassen.

Aus der gekühlten Gänselebermasse Nockerln ausstechen.

Gebratene Leber, Nockerln und Spargel auf Tellern anrichten, dabei die gebratene Leber mit dem Bratsaft beträufeln.

VINARIA-TIPP
Grüner Veltliner Beerenauslese, Weingut Emmerich Knoll, Unterloiben

VARIATIONEN

Etwas üppiger wird das Gericht, wenn Sie noch geröstete Brot- oder Speckwürferl darüberstreuen. Mit einem Stück Brot als Beilage ist das dann ein kleines Mittagessen für heiße Tage. Die Mostbirnenessig-Fisolen sind ohne Ham and Eggs und Speck auch ein wunderbarer Begleiter zu Beef Tatar.

Mostbirnenessig-Fisolen

mit „Wachtelei-Ham and Eggs"

Diese Mostbirnenessig-Fisolen sind leichter zubereitet als buchstabiert. Mostbirnenessig nehme ich, weil der so fantastisch herb ist und der Sache den nötigen Kick gibt. Die Mengenangabe des Essigs ist deshalb so ungenau gehalten, weil Mostbirnenessig sehr unterschiedlich im Geschmack ist. Kosten Sie ihn auf alle Fälle, bevor Sie ihn einsetzen. Erhältlich ist dieser Spezialessig aus Niederösterreich übrigens im Bioladen oder direkt bei den Händlern im Mostviertel.

Essigfisolen
500 g frische Fisolen
1/4 l Wasser
1/8 – 1/4 l Mostbirnenessig
1 Lorbeerblatt
1 Zweig Estragon
2 EL Zucker
1 TL rosa Pfefferkörner
4 kleine Schalotten
gutes Pflanzenöl
(z.B. Traubenkernöl)
Salz, Pfeffer

Ham and Eggs
8 Wachteleier
8 Scheiben durchzogenen
Speck (Frühstücksspeck)
1 EL Pflanzenöl

Wasser und Essig mit Lorbeerblatt, Estragon, Zucker und Pfefferkörnern aufkochen lassen.

Fisolen waschen, putzen und im Sud bissfest kochen (ca. 6 Minuten). Kurz vor Gar-Ende die geschälten und geviertelten Schalotten dazugeben und nochmals kurz aufkochen. Fisolen etwas auskühlen lassen, auf Tellern anrichten und mit ein paar Tropfen Pflanzenöl verfeinern.

Aus Speck und Wachteleiern Ham and Eggs zubereiten und auf die Fisolen setzen.

MEIN TIPP

Von den Fisolen können Sie einfach mehr machen und sie noch heiß in gut verschließbare Gläser füllen. So haben Sie einen schmackhaften sauren Vorrat.

VINARIA-TIPP

Alter Panzaun Jubiläumswein, Weingut Ludwig Ehn, Langenlois

VARIATIONEN

Für die Fülle eignen sich anstelle des Feta auch Gervais oder ein weicher Ziegenkäse.

Schafkäse-Terrine

im Weinblatt mit Cidre-Minze-Fenchel

Dieses Gericht lässt sich in aller Ruhe ein, zwei Tage bevor die Gäste kommen zubereiten. Wie so oft ist es auch hier der Kontrast von Würze und Süße, der für mich den Reiz an dieser Vorspeise ausmacht.

Schafkäse-Terrine
8 Weinblätter
180 g Schafkäse (Feta)
2 EL Pistazien, grob gehackt
1 EL Olivenöl
1/2 Becher Crème fraîche
1/16 l Schafmilch (Kuhmilch geht natürlich auch)

Cidre-Minze-Fenchel
2 kleine Fenchelknollen
Cidre-Minze-Gelee
(Rezept auf Seite 235)

Die Weinblätter waschen, entstielen und in kochendem Wasser kurz blanchieren. Mit Küchenpapier trocknen. Terrinenform mit Klarsichtfolie auslegen, die Weinblätter überlappend einlegen. Folie und Blätter müssen so weit über den Rand hängen, dass die Fülle später vollständig mit dem Überhang zugedeckt werden kann.

Den Schafkäse durch ein Sieb streichen oder mit der „Flotten Lotte" passieren. Mit den gehackten Pistazien, Olivenöl und Crème fraîche verrühren. So viel Milch beigeben, bis die Masse eine cremige, aber keinesfalls zu flüssige Konsistenz erreicht hat.

Die Schafkäsemasse in die Terrinenform streichen, mit den überhängenden Weinblättern und der Folie abdecken. Über Nacht in den Kühlschrank stellen.

Vor dem Servieren den Fenchel in feine Streifen schneiden, drei Minuten kochen und mit kaltem Wasser abschrecken. Gut abtropfen lassen und mit dem Cidre-Minze-Gelee marinieren.

Die gut durchgekühlte Terrine aus der Form stürzen und in fingerdicke Scheiben schneiden. Mit dem Cidre-Minze-Fenchel anrichten und mit frischer Minze garnieren.

MEIN TIPP

Die Weinblätter hole ich mir aus den vielen Weingärten rund um meine Heimatstadt Krems. Anstelle der Weinblätter können Sie aber auch blanchierte, vom groben Strunk befreite Mangoldblätter zum Auslegen der Terrine verwenden.

VINARIA-TIPP

Burgunder-Cuvée, Weingut PADO/Peter Andreas Dolle, Strass

VARIATIONEN

Dieses Rezept basiert auf dem Cremeschnittenrezept meiner Mutter. Bei der süßen Variante füllen Sie die Teigblätter einfach mit einer Vanille-Schlagoberscreme. Wer's herzhaft pikant mag, der serviert zur Spargel-Cremeschnitte noch ein paar Blätter dünn geschnittenen Gewürzrohschinken.

Spargel-Cremeschnitte

mit Malven-Vinaigrette

Ich weiß nicht mehr, wann ich den Einfall für diese Cremeschnitte der anderen Art hatte. Es muss in meinem Wirtshaus gewesen sein, und ein Glaserl Wein wird wohl auch eine Rolle gespielt haben. Jedenfalls wollte ich aus den berühmten hausgemachten Cremeschnitten meiner Mutti etwas ganz anderes, etwas Pikant-Gschmackiges machen. Anders ist es geworden. Ob's auch gschmackig ist? Bilden Sie sich selbst ein Urteil!

Cremeschnitte
1 Rolle Blätterteig, tiefgekühlt
250 g weißer Spargel
250 g grüner Spargel
1/4 l Weißwein
1/4 l Wasser
1 EL Zucker
Saft von 1/2 Zitrone
1/2 l Obers
Salz, Pfeffer

Vinaigrette
8 Malvenblüten, kurz blanchiert
2 Eier, hart gekocht
1 EL Ahornsirup
1 TL Weinessig
1 EL Blütenhonig
Saft von 1/2 Zitrone
1 EL Distelöl
Salz, Pfeffer

Wasser, Weißwein, Zitronensaft, Zucker und Salz aufkochen, geschälten Spargel darin ganz weich kochen (ca. 10 Minuten).

Spargel aus dem Sud nehmen und getrennt (weiß und grün) mit dem Stabmixer pürieren. Erkalten lassen. Obers schlagen und unter die beiden Spargelportionen heben, mit weißem Pfeffer würzen.

Den Blätterteig ausrollen und in 16 Rechtecke schneiden. Bei 200 Grad ca. 5 Minuten backen und anschließend auskühlen lassen.

Abwechselnd grünes und weißes Mus zwischen die fertigen Teigplatten streichen.

Für die Vinaigrette Ahornsirup, Weinessig, Honig, Zitronensaft, Distelöl, Salz und Pfeffer verrühren. Die gehackten Eier und 8 klein geschnittene Malvenblüten unterrühren.

Die Spargelcremeschnitten mit etwas Vinaigrette anrichten.

VINARIA-TIPP

Sauvignon Blanc Pfaffenberg, Hobbyweingut Schlamberger, Krems

Heringssalat

nach Muttis Art

Mutti wusste, was gut ist und was gut tut. Vor allem in der Faschingszeit, wenn nach einer fröhlichen Feier der Magen vielleicht ein bisserl ausgerenkt ist. Dieser Heringssalat macht's wieder gut.

Für die Marinade Majonäse, Sauerrahm, Zucker, Zitronensaft, gehackte Kapern, Öl, Weinessig, Salz und Pfeffer gut verrühren. Erdäpfel, Karotte, Sellerie und geschälten Apfel in kleine Stücke schneiden. Heringe in mundgerechte Streifen teilen. Alles mit der Marinade gut vermengen und einige Stunden oder über Nacht im Kühlschrank ziehen lassen.

Mit Weißbrot servieren.

Heringssalat
400 g Heringslappen (Russenfilets oder Bismarckheringe)
2 EL Sauerrahm
2 EL Majonäse (selbstgemacht oder fertig gekauft)
1 EL Zucker
Saft von 1/2 Zitrone
1 TL Kapern
1 EL Sonnenblumen- oder Maiskeimöl
1 Spritzer Weinessig
Salz, Pfeffer

2 Erdäpfel, gekocht
1 Karotte, gekocht
1 kleine Sellerieknolle, gekocht
1 Apfel

VINARIA-TIPP

Riesling Steinriegl Federspiel,
Kartäuserhof
Karl Stierschneider,
Weißenkirchen

Matjessalat
4 Stk. Matjesheringe
2 kleine Äpfel
1/2 kleine Lauchstange
1 TL Dillspitzen
2 EL Sauerrahm
1/8 l Obers
Salz, Pfeffer
1 EL Staubzucker
Saft von 1/2 Zitrone

VARIATIONEN

Ein Klassiker: Matjes nach Hausfrauenart. Kleine geschnittene oder ganze Matjesfilets werden dabei mit Sauerrahm, klein geschnittenen Äpfeln und Zwiebeln angerichtet.

VINARIA-TIPP

Riesling Steinriegl Federspiel, Weingut Prager-Bodenstein, Weißenkirchen

Matjessalat

nach Muttis Art

„Kost' einmal!", hat meine Mutter immer gemeint und mir ein Gaberl von dem Matjessalat vor den Mund gehalten. Lange Zeit hab ich das Gesicht verzogen und jegliche Aufnahme verweigert. Bis ich nach und nach Gefallen an diesem säuerlich-frischen Gericht gefunden habe. Heute liebe ich diesen Salat. Meine Gäste auch. Besonders in der Faschingszeit.

Die Filets quer in 1 cm dicke Stücke schneiden. Geschälten Apfel in dünne Blätter, Lauchstange in dünne Scheiben schneiden. Gehackte Dillspitzen, Sauerrahm, geschlagenes Obers, Salz, Pfeffer, Zucker und Zitrone zu einer Marinade verrühren. Äpfel, Lauchringe und Matjesstücke unter die Marinade heben und im Kühlschrank einige Stunden oder über Nacht ziehen lassen. Mit Weißbrot servieren.

MEIN TIPP

Wer Matjessalat ganzjährig genießen will, der greift zum eingelegten Matjesfilet im Glas. Gibt´s im Supermarkt im Kühlregal.

Marinierte Sardinen

mit Zwiebeln und Rosinen

Da kommen Urlaubsgefühle auf! Wenn Sie zu diesem Gericht noch ein knuspriges Weißbrot servieren, werden Sie das Meer schon förmlich riechen.

Den Kopf der Sardinen entfernen, auf der Bauchseite aufschneiden und das Rückgrat herausziehen. Salzen, pfeffern und in Mehl wenden. Beidseitig in 4 EL Olivenöl braten und in ein flaches Geschirr legen. Petersilie grob hacken. Zwiebel in dünne Streifen schneiden, beides in 4 EL Olivenöl glasig dünsten. Lorbeerblätter, Pinienkerne, Rosinen, Zimtstange und Gewürznelken dazugeben. Mit Weißwein aufgießen und einkochen lassen. Marinade vom Herd nehmen, mit Honig, Zitronensaft, Salz und Pfeffer würzen und auf den Sardinen verteilen.

Marinierte Sardinen
1 kg Sardinen,
frisch oder tiefgekühlt
Salz, Pfeffer
3 EL Mehl
ca. 1/8 l Olivenöl
1 Bund Petersilie
4 Zwiebeln
6 Lorbeerblätter
3 EL Pinienkerne
3 EL Rosinen
1 Zimtstange
4 Gewürznelken
1/4 l Weißwein
1 EL Honig
Saft von 1/2 Zitrone

VARIATIONEN

Weil Rosinen nicht jedermanns Sache sind, hier eine Alternative: Nehmen Sie statt der Rosinen klein geschnittenen Stangensellerie.

VINARIA-TIPP

Grüner Veltliner
Oberfeld Classic,
Weingut Dr. Unger, Furth

Eingelegte Steinpilze
2 Hand voll Steinpilze
2 EL Distelöl oder anderes Pflanzenöl
Salz
1/2 TL Kümmel, gestoßen
Saft von 1/2 Zitrone
1/8 l Distelöl oder anderes Pflanzenöl
1 Lorbeerblatt
1 Knoblauchzehe
1 Rosmarinzweig
Salz, Pfeffer

Rosmarinbrot
4 Scheiben Schwarzbrot oder Vorschussbrot
4 Zweige Rosmarin

VINARIA-TIPP
Grüner Veltliner Terrassen Smaragd, Weingut Rudi Pichler, Wösendorf

Eingelegte Steinpilze
mit Rosmarinbrot

Steinpilze putzen und halbieren. In 2 EL Öl braten. Mit Salz, gestoßenem Kümmel, Pfeffer und Zitronensaft würzen. 1/8 l Öl dazugießen, sodass die Pilze bedeckt sind. Knoblauchzehe in dünne Scheiben schneiden und mit dem Lorbeerblatt und einem Rosmarinzweigerl zu den Pilzen geben. Abdecken und noch einmal kurz aufköcheln.

4 dicke Scheiben Schwarzbrot oder Vorschussbrot schneiden und je einen Rosmarinzweig durch jede Brotscheibe stecken. Die Brotscheiben im Backrohr kurz rösten. Die marinierten Pilze auf dem warmen Rosmarinbrot servieren.

MEIN TIPP

Vorschussbrot wurde früher meist aus billigerem „Staubmehl" gemacht. Heute besteht es aus einer Mischung aus hellem Weizen- und Roggenmehl. Es ist ähnlich einem Weißbrot, aber von der Konsistenz nicht so locker und hat mehr Biss. Ich empfehle Vorschussbrot überall dort, wo mir Weißbrot zu „luftig" ist.

Tafelspitz-Sulzerl

mit Blattsalat und Paprikawürferl

Tafelspitz muss nicht immer in Suppe schwimmend mit Schnittlauchsoße und Apfelkren daherkommen. Das folgende Sulzerl hat einen kräftig-würzigen Geschmack nach Rotwein und Estragon und macht sich mit dem säuerlich-knackigen Zucchinikraut hervorragend. Ein feines Essen für laue Abende oder eine anregende Vorbereitung auf weitere Gänge.

Wasser erhitzen, Tafelspitz einlegen und langsam köcheln lassen (1,5 Stunden). Karotten, Kräuter, Knoblauchzehe und Pfefferkörner dazugeben und eine weitere halbe Stunde mitköcheln. Erst zum Schluss mit Salz würzen. Fleisch und Gemüse aus der Suppe heben. Suppe durch ein feines Sieb gießen und auf ca. 1/2 l einkochen lassen. Rotwein, Essig und aufgelöste und ausgedrückte Gelatineblätter dazugeben und auflösen. Tafelspitz und Karotten in Scheiben schneiden und zurück in die Suppe geben. In eine mit Klarsichtfolie ausgelegte Rehrückenform gießen. Im Kühlschrank über Nacht erkalten lassen. Vor dem Servieren in Scheiben schneiden, mit mariniertem Salat und Paprikawürferl anrichten.

Tafelspitz-Sulzerl
600 g Tafelspitz
(Fettrand nach dem Kochen abschneiden)
1 l Wasser
1 gelbe Karotte
1 Karotte
1 Estragonzweig
1 Basilikumzweig
1 Knoblauchzehe
6 Pfefferkörner
1/8 l kräftiger Rotwein
1 EL Essig
8 Blätter Gelatine

1 Hand voll Blattsalat
1 Paprika

MEIN TIPP

Dieses Sulzerl schmeckt auch ausgezeichnet mit Zucchinikraut (Seite 235) oder einfach in Essig und Öl.

VINARIA-TIPP

Sauvignon Blanc Fahrnberg, Sonnhof Jurtschitsch, Langenlois

Gratinierte Feigen
4 frische große Feigen
4 EL Roquefort
8 Scheiben Schinkenspeck
Pfeffer aus der Mühle
1 Hand voll Rucola

MEIN TIPP

Natürlich können Sie für diese Vorspeise statt des Roquefort auch einen anderen Blauschimmelkäse, etwa Gorgonzola, verwenden. Für mich ist aber der deftig-würzige Geschmack des aus reiner Schafmilch hergestellten Roquefort der ideale Gaumenkitzel zur Süße der Feigen.

VINARIA-TIPP

Neuburger/Chardonnay
Bruck Smaragd,
Weingut Josef Maximilian
Högl, Vießling

Gratinierte Feigen

mit Roquefort und Schinkenspeck

Als Wirtin will man seine Gäste natürlich immer beeindrucken. Mit dieser Vorspeise, die ganz einfach und schnell zuzubereiten ist, gelingt mir das jedes Mal. Keine Frage, dass diese pfiffige Kombination verschiedenster Geschmacksnuancen auch bei Ihrer Familie oder Ihren Gästen gut ankommen wird. Zusammen mit einem knackigen Salat sind die gratinierten Feigen auch eine herrliche Hauptspeise.

Stielansatz entfernen und die Feigen kreuzweise ca. 2 cm tief einschneiden, aufdrücken und pfeffern. Den verrührten Roquefort mit einem Teelöffel in die Öffnung streichen. Der Käse kann ruhig ein bisschen überquellen. Wer mag, setzt die Stiele jetzt wieder auf die Feigen. In einer feuerfesten Form ca. 5 Minuten bei 200 Grad gratinieren, bis der Käse schmilzt. Die fertigen Feigen auf mariniertem Rucola anrichten, den Schinkenspeck fächerförmig raffen und zu den Feigen legen. Dazu passen ein guter Löffel Pfirsich-Walnuss-Marmelade (Rezept Seite 235) und Weintrauben.

Flusskrebserl-Cocktail

mit Ananas und Spargel

Eine wahre Zeitreise zurück zu „Wickie, Slime & Paiper": Der Flusskrebserl-Cocktail gehört ebenso wie „Toast Hawaii" und „Russisches Ei" zu den Kultgerichten der 70er- und 80er-Jahre. Wickie, Slime & Paiper sind zurück und jetzt eben auch der Flusskrebserl-Cocktail. (Das „Russische Ei" finden Sie übrigens auf Seite 40, den „Toast Hawaii" lassen wir lieber in der Vergangenheit ruhen!)

Zum Anrichten vier schöne Weingläser bereitstellen. In jedes Glas 1 EL marinierten, klein geschnittenen Endiviensalat setzen. Für die Cocktailsoße die Majonäse mit Ketchup, Weinbrand und frisch geriebenem Kren verrühren.

Eier hacken, Ananasscheiben und Spargel in kleine Stücke schneiden. Mit Salz, Zitronen- und Ananassaft marinieren und auf den Endiviensalat ins Cocktailglas füllen. Zum Schluss die Flusskrebserl einlegen und mit Cocktailsoße überziehen. Mit Forellenkaviar und Schnittlauchhalmen garnieren.

Cocktailsoße
4 EL Majonäse (fertig oder Rezept siehe „Russisches Ei", Seite 40)
1 EL Ketchup
1 Schuss Weinbrand
1 TL Kren

Flusskrebserl-Cocktail
4 EL Flusskrebserl, eingelegt
4 Eier, gekocht
4 Ananasscheiben
4 Stangen grüner Spargel, gekocht
Salz
Saft von 1/2 Zitrone
2 EL Ananassaft
Endiviensalat, fein geschnitten und leicht mariniert

250 g Forellenkaviar
Salz

VINARIA-TIPP

Riesling Alte Point Federspiel, Silberbichlerhof Friedrich Hutter, Mautern

Räucherforellen-Sulz
350 g Räucherforelle (oder anderer geräucherter Fisch)
1/4 l Wasser
1/4 l Weißwein
1 EL Weißweinessig
Saft von 1/4 Zitrone
1/2 gelbe Rübe
1/2 Karotte
4 Blätter Gelatine
Salz, Pfeffer

Linsen-Vinaigrette
200 g Belugalinsen, gekocht
2 Schalotten
Saft von 1/2 Zitrone
1 Schuss Weißweinessig
1/2 TL Staubzucker
1 EL Olivenöl
Salz, Pfeffer

1 Dose Forellenkaviar

VINARIA-TIPP
Riesling Tobel,
Weingut Fritz Salomon,
Oberstockstall,
oder
Sekt brut,
Weingut Willi Bründlmayer,
Langenlois

Räucherforellen-Sulz

auf Belugalinsen mit Forellenkaviar

Sulz ist immer erfrischend, immer neutralisierend und immer ein herrlicher Appetitanreger. Also gehen wir's an!

Für die Sulz aus Wasser, Wein, Weißweinessig, Salz, Pfeffer und Zitronensaft einen Sud kochen. Das in kleine Würfel geschnittene Wurzelwerk kurz mitkochen und die eingeweichten und ausgedrückten Gelatineblätter auflösen.
Eine Terrinenform mit Klarsichtfolie auslegen. Die Räucherforelle in Stücke schneiden und die Hälfte in der Form verteilen. Mit Gemüsewürfeln und Sud bedecken. Mit der zweiten Lage Forelle auslegen und den Rest des Sudes mit den Gemüsewürfeln zugießen. Dabei die Form sanft rütteln, damit sich die gelierende Flüssigkeit gut mit den Fischstückchen verbindet. Über Nacht oder für einige Stunden in den Kühlschrank stellen.

Für die Vinaigrette Schalotten in kleine Würfel schneiden, mit Zitronensaft, Essig, Staubzucker, Salz, Pfeffer und Olivenöl zu einer Marinade rühren. Die gekochten Linsen und den Forellenkaviar vorsichtig untermischen. Sulz in Scheiben schneiden, auf der Linsen-Vinaigrette anrichten und mit marinierten Salatblättern garnieren.

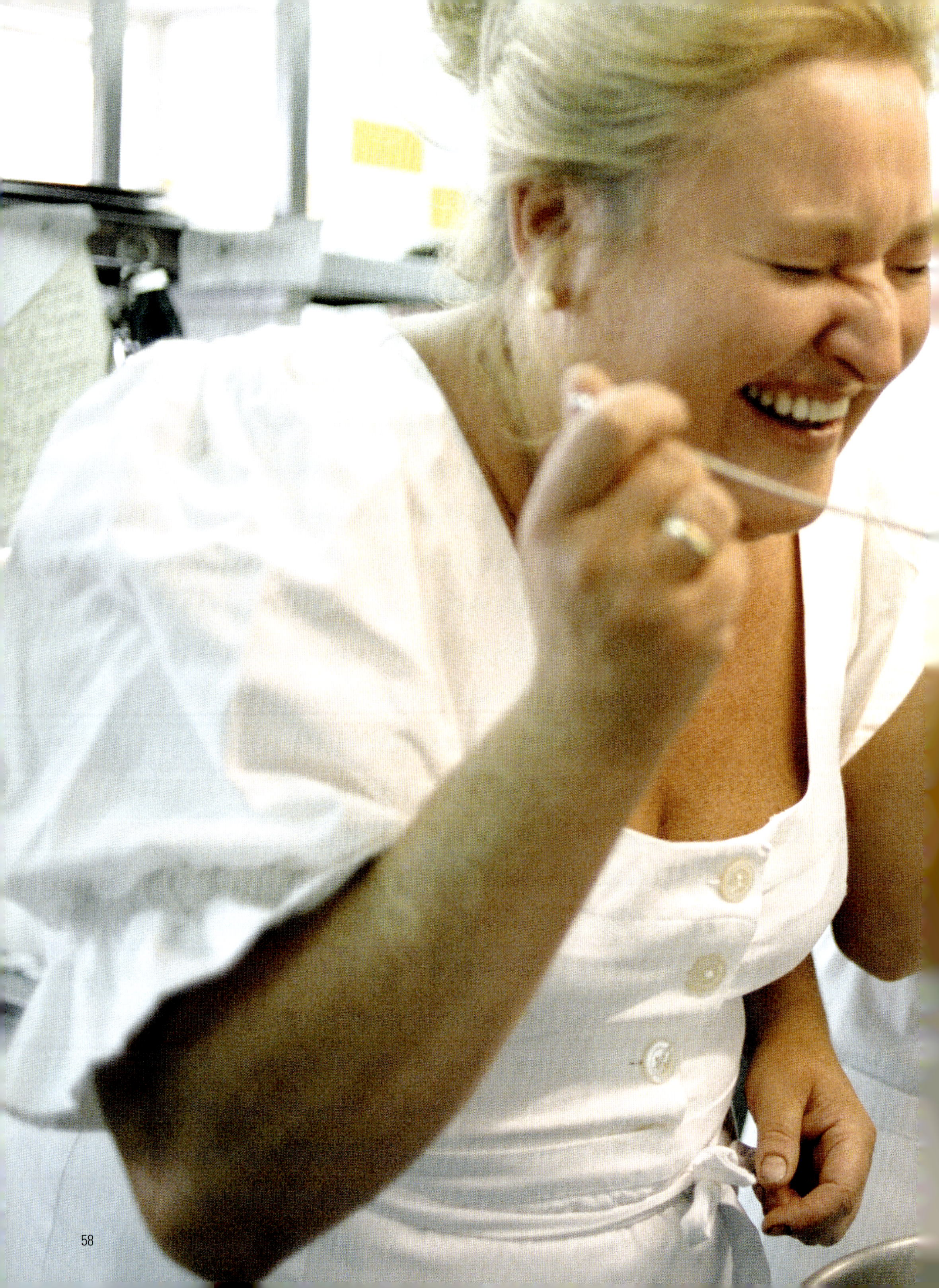

Santa

2000
FEDERSPIEL
1998

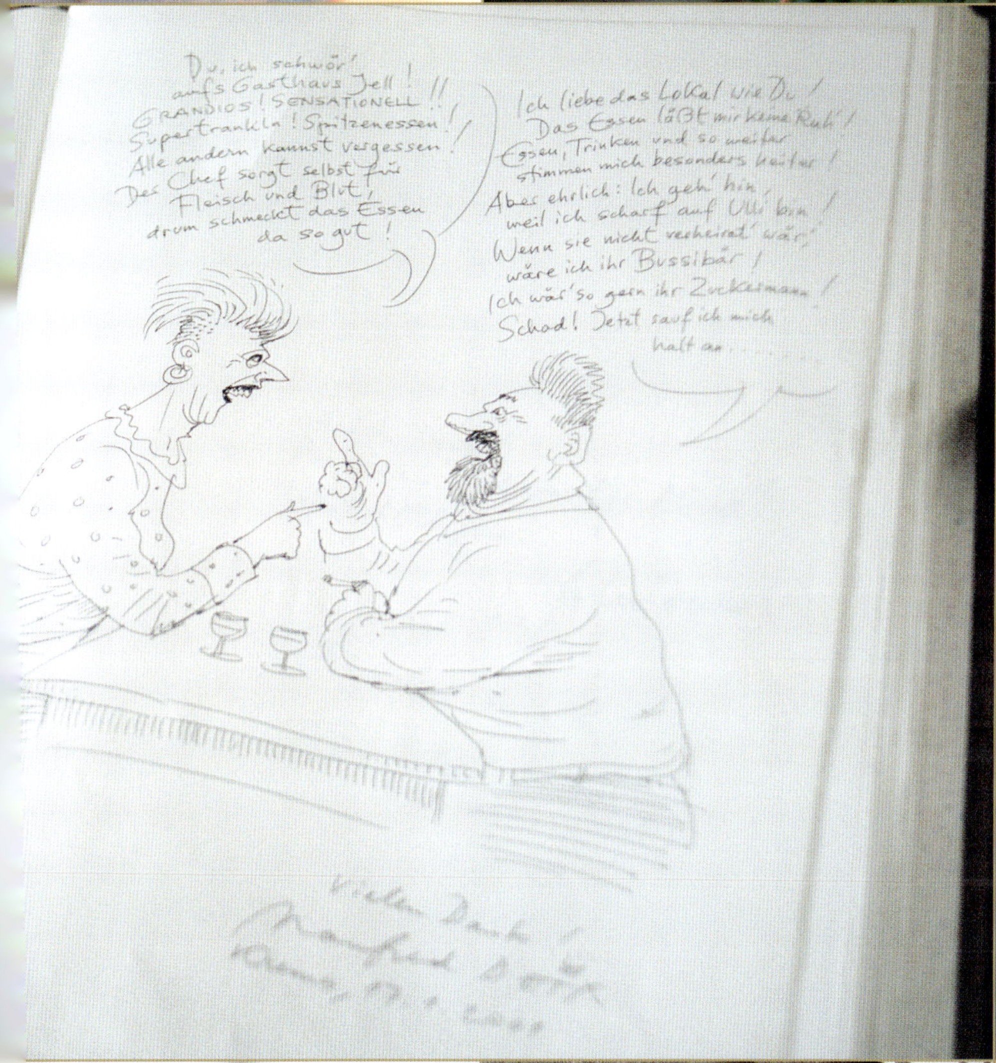
Du, ich schwör'!
aufs Gasthaus Jell!
GRANDIOS! SENSATIONELL!!
Supertrankln! Spitzenessen!
Alle andern kannst vergessen!
Der Chef sorgt selbst für
Fleisch und Blut,
drum schmeckt das Essen
da so gut!
Ich liebe das Lokal wie Du!
Das Essen läßt mir keine Ruh'!
Essen, Trinken und so weiter
stimmen mich besonders heiter!
Aber ehrlich: Ich geh' hin,
weil ich scharf auf Ulli bin!
Wenn sie nicht verheirat' wär',
wäre ich ihr Bussibär!
Ich wär' so gern ihr Zuckermann!
Schad! Jetzt sauf ich mich
halt an......

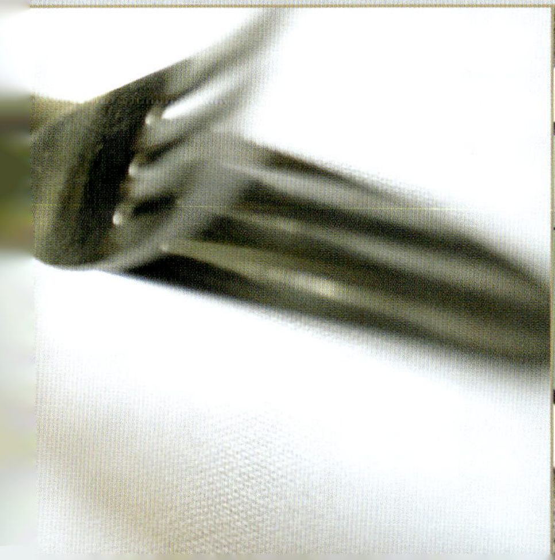

Niederösterreichische
Wirtshauskultur
Top Wirt 2004
Mitgliedsbetrieb der NÖ Wirtshausaktion

SUPPEN

VARIATIONEN

Eine weitere klassische Einlage sind Markknöderl. Dazu 100 g Rindermark zerkleinern, auf kleiner Hitze schmelzen und durchseihen, leicht stocken lassen und schaumig rühren. 2 Semmeln entrinden, in Milch einweichen und ausgepresst zum Mark geben. Mit Salz, Pfeffer, Muskatnuss und gehackter Petersilie würzen. 2 Eier, 40 g Brösel und 80 g Mehl untermischen. Kurz rasten lassen. Kleine Knödel formen und in Salzwasser ziehen lassen.

Gansl-Einmachsuppe

mit Bröselknöderln

Wenn die Tage kürzer werden und man im Wirtshaus zusammenrückt, dann ist die große Zeit der Ganslsuppe gekommen. Ehrlich gesagt: nicht gerade ein Schlankmacher, aber allemal eine kleine Sünde wert.

Gansl-Einmachsuppe
250 g Gänseklein
(Innereien vom Gansl)
1 Karotte
1 kleine Lauchstange
1 Zwiebel
Wacholderbeeren
Pfefferkörner
1 Bund Petersilie
1 Lorbeerblatt
Majoran
Salz
1 l Wasser

2 EL Ganslschmalz
(oder Butter)
2 EL Mehl

Bröselknöderln
2 EL Ganslschmalz
200 g Brösel
6 EL Milch
1 Dotter
1 Ei
Muskatnuss
Salz, Pfeffer

Das Gänseklein waschen und mit Karotte, Lauch, Zwiebel, Wacholderbeeren, Pfefferkörnern, Petersilienstängeln und dem Lorbeerblatt im Wasser aufsetzen. Die Ganslsuppe so lange kochen (ca. 1 bis 1,5 Stunden), bis alle Innereien ganz weich sind. Die Suppe abseihen, dabei die Karotte und das Gänseklein aufheben. Petersilienblätter fein hacken. Mehl im Ganslschmalz hellbraun rösten, gehackte Petersilie (einen Teil für die Bröselknödel aufheben) und Majoran dazugeben, mit der Ganslsuppe aufgießen und verkochen lassen.

Für die Bröselknöderln Brösel in Milch einweichen. Das Ganslschmalz in einer Schüssel weich rühren, Dotter und Ei beigeben, die erweichten Brösel untermischen, mit Muskatnuss, Salz, Pfeffer und Petersilie würzen. Kleine Knöderln formen und ca. 10 Minuten in siedendem Salzwasser ziehen lassen. Gänseklein und Karotte fein schneiden und zur Suppe geben. Mit den Knöderln als Einlage servieren.

VINARIA-TIPP
Grüner Veltliner Feenhaube, Weingut Karl Ziss, Röschitz

Klare Paradeissuppe

mit Butternockerln

Das Besondere an dieser südländisch angehauchten Suppe – außer, dass sie toll aussieht und herrlich schmeckt: Sie ist sowohl warm als auch kalt zu genießen.

Paradeissuppe
1,5 kg Paradeiser, geschält, aus der Dose
4 Knoblauchzehen
5 Thymianzweige
2 Lorbeerblätter
2 Wacholderbeeren
1/2 TL Pfefferkörner

8 Kirschparadeiser
4 Zweige Basilikum
2 EL gutes Olivenöl

Butternockerln
50 g Butter
2 Eier
120 g Mehl
1 EL Milch
Salz

Geschälte Paradeiser grob teilen und mitsamt dem Saft über Nacht in einem Tuch abtropfen lassen. Dabei den abtropfenden Saft auffangen. Abschließend die Früchte im Tuch nochmals gut ausdrücken, damit wirklich der ganze Saft gewonnen wird. Mit den gepressten Knoblauchzehen und den Gewürzen ca. 10 Minuten verkochen.

Für die Nockerln weiche Butter schaumig rühren, Dotter, Mehl, Milch und Salz dazugeben. Aus dem Eiklar Schnee schlagen und unterziehen. Mit einem Löffel Nockerln formen und in kochendes Salzwasser legen. Zugedeckt ziehen lassen (ca. 30 Minuten). Die Nockerln sollen schön aufgehen.

Die Kirschparadeiser für die Garnitur kurz blanchieren, die Haut teilweise abziehen. Suppe in Teller schöpfen, mit Nockerln, Kirschparadeiser und frischem Basilikum anrichten. Mit gutem Olivenöl beträufeln.

MEIN TIPP

Wenn Sie's noch ein bisserl herzhafter wollen, passt zu dieser Suppe Schwarzbrot, das Sie mit Olivenöl beträufeln, ins Rohr geben und danach mit einer Knoblauchzehe einreiben.

VINARIA-TIPP

Riesling Donatus, Weingut Kurt Angerer, Lengenfeld

VARIATIONEN

Für die „Ganzjahresvariante" dieser Paradeissuppe bevorzuge ich die Pelati aus der Dose. Wenn Sie frische, vollreife Paradeiser haben, nehmen Sie natürlich diese. Die müssen allerdings vor dem Abseihen grob zerkleinert und für ein bis zwei Stunden in Suppe oder Wasser ganz weich gekocht werden. Danach mit dem Kochwasser durch ein Tuch über Nacht abtropfen lassen.

VARIATIONEN

Die Blunzenradeln schmecken auch in Selleriecreme- oder Sauerkrautsuppe ganz hervorragend. Eine Vorspeise oder ein kleines Hauptgericht wird aus den Blunzenradeln, wenn Sie sie auf Zucchinikraut (Rezept Seite 235) oder Erdäpfel-Vogerlsalat anrichten.

Saure Rübensuppe

mit gebackenen Kürbiskern-Blunzenradeln

In vielen Kochbüchern werden Sie vergeblich nach Sauren Rüben suchen. Verständlich, denn der „Riesenrettich" – der ähnlich wie Sauerkraut wochenlang im Gärfass eingelegt wird – war nach dem Krieg mit Erdäpfeln verkocht ein weit verbreiteter Sattmacher. Bis die Menschen mehr Auswahl und die Sauren Rüben im wahrsten Sinne des Wortes satt hatten. Der Kürbis – ein ähnlicher Fall – hat seine Wiedergeburt längst gefeiert, und auch die Sauren Rüben erobern sich langsam ihren Platz in der Wirtshausküche zurück. – Als feine Beilage zu Fleisch zum Beispiel oder eben als Suppe ...

Saure Rübensuppe

1/2 Zwiebel
1 EL Schmalz
1/4 l Weißwein
1/4 l Gemüsesuppe
250 g Saure Rüben
1 Lorbeerblatt
1 TL gemahlener Kümmel
1/4 l Obers
Salz, Pfeffer

Gebackene Blunzenradeln

8 Stk. kleine Blunzenscheiben
Majoran
Mehl und Ei zum Panieren
2 EL Kürbiskerne, gehackt
2 EL Semmelbrösel
Öl zum Backen

Die halbe Zwiebel klein schneiden, im Schmalz anrösten, mit Weißwein löschen und mit Suppe aufgießen. Die Sauren Rüben und das Lorbeerblatt dazugeben und ca. 20 Minuten weich kochen. Nach Bedarf noch Suppe zugießen, mit Kümmel, Salz und Pfeffer würzen und mit dem Pürierstab oder im Standmixer fein pürieren. Mit leicht geschlagenem Obers vollenden.

Die Blunzenradeln enthäuten und in ca. 1,5 cm dicke Scheiben schneiden. Mit Majoran würzen und in Mehl, Ei und der Kürbiskern-Bröselmischung panieren. Im heißen Öl schwimmend backen.

Suppe in Teller schöpfen, die noch heißen Blunzenradeln hineinlegen und gleich servieren.

MEIN TIPP

Meine Sauren Rüben bekomme ich am Markt aus dem Holzfass. Es geht aber auch anders, denn die fertig abgepackten Sauren Rüben aus dem Supermarkt schmecken ebenfalls sehr gut.

VINARIA-TIPP

Chardonnay Sätzen, Weingut Fritz, Zaussenberg

Bergkäse-Veltlinersuppe

mit gebackenen Oliven

Diese Suppe wärmt, macht satt und glücklich. Sonst noch Wünsche?

Gebackene Oliven
16 Stk. Oliven, entkernt
100 g Mehl
1/8 l Weißwein
2 Eier
1 TL Olivenöl
Öl zum Backen
Salz

Käsesuppe
2 EL Butter
2 EL Mehl
1/2 Zwiebel
1/2 l Grüner Veltliner
1/2 l Gemüsesuppe
3 EL geriebener Bergkäse
1/2 TL gestoßener Kümmel
1 Prise Muskatnuss
1/8 l Obers
4 Rosmarinzweige
Salz, Pfeffer

Für den Backteig Mehl, Wein, Dotter, Olivenöl und Salz zu einem dickflüssigen Teig verrühren. Eiweiß zu Schnee schlagen und unter den Teig heben.

Oliven in Mehl wenden und durch den Backteig ziehen. Im heißen Öl goldbraun backen und warm stellen.

Zwiebel in Butter anschwitzen, mit Mehl stauben und eine leichte Einbrenn bereiten. Mit Grünem Veltliner ablöschen und mit Gemüsesuppe aufgießen. Unter ständigem Rühren gut verkochen lassen (ca. 10 Minuten).

Geriebenen Käse dazugeben, mit Salz, Pfeffer, Kümmel und geriebener Muskatnuss würzen. Dabei immer wieder rühren und weiterköcheln lassen (ca. 4–6 Minuten). Mit leicht geschlagenem Obers vollenden.

In Suppenteller schöpfen, die gebackenen Oliven einlegen und mit dem Rosmarinzweig garnieren.

VINARIA-TIPP
Grüner Veltliner Messwein, Propsteiweingut Andreas Eder, Mautern

VARIATIONEN

Wenn Sie gerade keinen Bergkäse zu Hause, aber trotzdem Gusto auf diese Suppe haben: Nehmen Sie einfach jeden anderen würzigen Käse.

Eindruck schinden!

Auf der folgenden Seite finden Sie das Rezept für die „Gelbe Paprikasuppe“. Wenn Sie Gäste beeindrucken wollen, dann hab ich bei diesem Rezept eine wirkungsvolle Methode dazu: Die Paprikasuppe serviere ich nämlich nicht einfach im Teller, sondern im Paprika! Dazu schneide ich das obere Drittel ganz gerade ab, entferne die Kerne und wärme die ausgehöhlten Paprika im Backrohr, damit sie schön temperiert sind und die Suppe nicht so schnell auskühlt. Suppe in die Paprikahöhle füllen und einen Suppenteller mit dem Boden nach oben daraufsetzen. Jetzt den Paprika festhalten und gut andrücken, den Teller rasch umdrehen – die Suppe bleibt im Paprika. Wenn ich den Teller vor den Gast stelle, hebe ich den Paprika langsam an und die Suppe ergießt sich effektvoll in den Teller. Diese Serviertechnik und diese Suppe lassen keinen kalt!

Gelbe Paprikasuppe

mit Bärlauchschöberln und Popcorn

Bevor wir uns an die Suppe machen, muss ich das mit dem Popcorn aufklären. Ich weiß, wenn man „amerikanisches Knabbergebäck" auf Wirtshaussuppen streut, scheiden sich die Geister. Aber es kann halt nicht immer so harmonisch zugehen. Im Wirtshaus nicht und in der Wirtshausküche erst recht nicht. Deshalb hab ich auf meiner Speisekarte auch immer wieder kleine „Provokationen", exotische oder ungewöhnliche Ausreißer. Popcorn find' ich einfach witzig, und bei meinen Gästen sorgt es zumindest für Gesprächsstoff. Ihnen, liebe Leser, soll es als Beispiel dienen, dass man sich ruhig auch mal was trauen kann. Wenn's klappt, ist es fein, wenn nicht, hat man wenigstens etwas dazugelernt. Kochen soll ja schließlich auch Spaß machen.

Paprikasuppe
1 kleine Zwiebel
1 EL Zucker
3 EL Olivenöl
4 gelbe Paprika
1 TL Curry
1/2 l Gemüsesuppe
1/8 l Obers
Salz, weißer Pfeffer

4 gelbe Paprika zum Anrichten

Schöberl (Rezept Seite 32)
1 Hand voll Popcorn

Zwiebel klein schneiden und mit Zucker in Olivenöl anschwitzen. Entkernte, geviertelte Paprika dazugeben. Dünsten, Currypulver unterrühren und mit Gemüsesuppe aufgießen. So lange köcheln lassen, bis die Paprikastücke weich sind.

Mit dem Pürierstab pürieren, bis die Suppe schön sämig ist. Eventuell noch etwas Gemüsesuppe zugießen, mit leicht geschlagenem Obers verfeinern und mit Salz und Pfeffer würzen.

MEIN TIPP

Wer´s noch feiner mag, streicht die Suppe nach dem Pürieren durch ein Sieb. Da bleiben nämlich die kleinsten, aber immer noch vorhandenen Schalenstückchen hängen. Ist zwar ein bisschen Aufwand, lohnt sich aber!

VINARIA-TIPP

Sauvignon Blanc Spiegel, Weingut Markus Huber, Reichersdorf

VARIATIONEN

Natürlich können Sie die Suppe auch mit rotem Paprika zubereiten. Oder mit Kohlrabi, Kürbis oder Gurken. In diesem Fall lassen Sie bei der Zubereitung das Currypulver weg.

VARIATIONEN

Wenn die Brennnesselzeit vorüber ist, ersetzen Sie die Brennnesseln durch Blattspinat oder – noch einfacher – durch passierten, tiefgekühlten Spinat. Den Knoblauch keinesfalls weglassen, sonst schmeckt's langweilig.

Brennnesselsuppe

mit Blätterteig-Käsestangerl

Die Brennnessel hat längst ihren Ruf als Nachkriegsessen überwunden und kann zeigen, was in ihr steckt. Sie ist nämlich nicht nur gesund (entwässernd!), sondern auch überaus würzig-schmackhaft. Mit dem knusprigen Käsestangerl ergibt das eine Kombination, die einen Grund mehr liefert, sich auf den Frühling zu freuen.

Brennnesselsuppe
2 EL Butter
2 EL Mehl
1 Zwiebel
2 Zehen Knoblauch
1 l Gemüsesuppe
3 Hand voll junge Brennnesselblätter, von den Stielen gezupft
1/8 l Obers
Salz, weißer Pfeffer

Käsestangerln
1 Packung Tiefkühl-Blätterteig
3 EL Emmentaler oder Parmesan, frisch gerieben
1 TL Rosenpaprika
1 Ei
1 TL Kümmel

Aus Mehl und Butter eine helle Einbrenn bereiten, fein geschnittene Zwiebel und fein geschnittenen Knoblauch kurz mitrösten. Mit Suppe aufgießen und gut einköcheln lassen. Brennnesselblätter kurz blanchieren, abtropfen lassen, pürieren und in die Einmachsuppe rühren. Mit Salz und Pfeffer würzen und mit leicht geschlagenem Obers verfeinern.

Für die Käsestangerln Blätterteig messerrückendick ausrollen und halbieren. Die eine Hälfte Teig mit dem geriebenen Käse und Paprika (von beidem etwas für später aufheben) bestreuen, die zweite Hälfte darüberschlagen und nochmals ausrollen.

Teigfläche mit Ei bestreichen, Kümmel, Käse und Paprika darüberstreuen. In ca. 30 cm lange und 1 cm dicke Streifen schneiden und spiralförmig eindrehen. Auf ein Backblech legen und eine halbe Stunde rasten lassen.

Käsestangerln im Ofen bei 190 Grad backen (ca. 5–6 Minuten). Gut aufpassen, dass das Paprikapulver nicht verbrennt.

Suppe in Teller schöpfen und die Käsestangerln darüberlegen.

MEIN TIPP

Das Brennnessel-Pflücken kann man auch zu einem Familien-Ausflug umfunktionieren. Mit Handschuhen und Sackerl bewaffnet, rücken dann Eltern und tapfere Kinder aus, um möglichst viele von den jungen Brennnesselblättern mit nach Hause zu nehmen. Was nicht gleich am selben oder nächsten Tag verarbeitet wird, lässt sich einfach blanchieren, pürieren und einfrieren.

VINARIA-TIPP

Grüner Veltliner Zornberg Federspiel, Weingut Friedrich Rixinger, Spitz

Erdäpfelsuppe

mit Steinchampignons und Erdäpfelstroh

Ein deftiges Supperl, wenn der Magen kracht. Die braunen Steinchampignons nehme ich für dieses Gericht, weil sie einen kräftigeren Pilzgeschmack haben als ihre weißen Kollegen.

Erdäpfel schälen und in Würfel schneiden. Mit Kümmel, Wasser und Salz aufkochen (ca. 8 Minuten) und abseihen. Erdäpfel zur Seite stellen und das Kochwasser aufheben.
Fein geschnittene Zwiebel in Butter anschwitzen, gehackte Petersilie und Majoran dazugeben. Mit Mehl stauben und eine leichte Einbrenn bereiten. Mit dem Kochwasser der Erdäpfel aufgießen und gut verkochen lassen (ca. 15 Minuten). Gekochte Erdäpfelwürfel dazugeben, mit Salz abschmecken und mit leicht geschlagenem Obers vollenden. Für das Erdäpfelstroh einen großen Erdapfel in feine, etwa zündholzgroße Streifen schneiden und im Öl schwimmend knusprig backen. Geschnittene Steinchampignons kurz in Olivenöl anrösten und salzen. Suppe in Teller schöpfen, geröstete Champignons und Erdäpfelstroh einlegen.

Erdäpfelsuppe
500 g Erdäpfel, festkochend
1/2 TL Kümmel
Salz
1 l Wasser
1 kleine Zwiebel
1 EL Butter
2 EL Petersilie, gehackt
1 TL Majoran
50 g Mehl
1/4 l Obers
Salz

Einlage
1 großer Erdapfel
Öl zum Backen

1 Hand voll braune Champignons (Steinchampignons)

VINARIA-TIPP

Gelber Muskateller Strasser Wechselberg, Weingut Allram/Michaela und Erich Haas, Strass

Gurkensuppe
2 Feldgurken
1 Becher Jogurt
1/8 l Obers
1 Knoblauchzehe
1/8 l kalte Gemüsesuppe
1 TL Dille
1 TL Basilikum
1 TL Salbei
1 EL Weißweinessig

Ziegenkäse-Nockerln
250 g Ziegenfrischkäse
1 Schalotte
1 TL Schnittlauchröllchen
1 TL Obers
Salz, Pfeffer

VINARIA-TIPP

Grüner Veltliner Steinfeder,
Weingut Anton Schneeweiß,
Weißenkirchen

Kalte Gurkensuppe

mit Ziegenkäse-Nockerln

Wenn die Arbeit Pause macht und sich die Geschäftsleute in meinem Wirtshaus an den Mittagstisch setzen, dann wollen sie zwar gut, aber nicht zu üppig essen. Vor allem nicht an einem heißen Sommertag. Da hat sich die kalte Gurkensuppe als echter Renner erwiesen: leicht, kühlend, erfrischend.

Gurken schälen, mit Hilfe eines Teelöffels entkernen und grob zerkleinern. Im Cutter oder Standmixer pürieren, Obers, Suppe und Jogurt dazugießen. Mit gehackten Kräutern (einige ganze und einige gehackte Blätter für die Garnitur aufheben), Knoblauch und Essig noch einmal aufmixen und anschließend gut kühlen.

Frischen Ziegenkäse glatt rühren und die klein geschnittene Schalotte, die Schnittlauchröllchen und das Obers untermengen. Mit Salz und Pfeffer würzen.

Mit Hilfe von zwei Teelöfferln kleine Nockerln formen und in die Suppe legen. Mit frischen Kräutern bestreuen.

Spargelcremesuppe
mit Räuchersaibling-Knöderln

Ich freu mich jedes Jahr aufs Neue, wenn die Spargelzeit beginnt. Wenn Sie den Spargel im Ganzen genießen wollen, sollten Sie beim Einkauf nur die schönsten Stangen nehmen, für dieses Rezept tut's aber auch der dünnere und günstigere Suppenspargel.

Spargel schälen, die holzigen Enden abschneiden. Spargel in Stücke teilen. In Wasser mit Salz und Zucker kochen (ca. 10 Minuten). Einige Spargelspitzen zum Garnieren zur Seite legen. Den Spargel im Sud mit dem Stabmixer pürieren. Aus Butter und Mehl eine leichte Einbrenn bereiten und mit der Spargelsuppe aufgießen. Mit Salz, Pfeffer und Muskatnuss würzen. Unter ständigem Rühren ca. 20 Minuten köcheln. Mit leicht geschlagenem Obers verfeinern.

Vor dem Servieren die Spargelspitzen und die SaiblingsknöderIn in die Suppe geben.

Spargelcremesuppe
500 g Suppenspargel
1 EL Butter
1 EL Mehl
1 1/2 l Wasser
1/8 l Obers
1 TL Zucker
Muskatnuss
Salz, weißer Pfeffer

Räuchersaibling-Knöderl
(siehe Rezept „Räucherlachs-Nockerln" Seite 94)

VINARIA-TIPP

Gelber Muskateller,
Weingut Jäger,
Weißenkirchen

Knoblauchsuppe
8 Knoblauchzehen
4 EL Schmalz oder Pflanzenöl
1/2 l Grüner Veltliner
1/2 l Gemüsesuppe
2 EL Petersilie
4 Salbeiblätter
4 Scheiben Schwarzbrot
Salz, Pfeffer

VINARIA-TIPP

Grüner Veltliner Loibenberg,
Weingut Rainer Wess,
Unterloiben

Knoblauchsuppe

mit gerösteten Schwarzbrotschnitten

Eine wirklich „schnelle G'schicht", diese Knoblauchsuppe. Die Mischung aus Wein und Knoblauch tut vor allem an kalten Winterabenden Leib und Seele gut.

Den Knoblauch schälen, durch die Knoblauchpresse drücken und im Schmalz oder Öl anschwitzen. Der Knoblauch darf nicht braun werden, da er sonst bitter schmeckt. Mit Gemüsesuppe und Wein aufgießen und gut verköcheln lassen (ca. 30 Minuten). Die gehackte Petersilie dazugeben und mit Salz und Pfeffer würzen.

Schwarzbrotscheiben im Schmalz oder Öl knusprig rösten, zum Schluss erst den Salbei dazugeben, da er sonst verbrennt. In Suppentassen schöpfen und die gerösteten Brotscheiben mit dem Salbei einlegen.

FISCH

VARIATIONEN

Wenn Ihnen die gebackenen Erdäpfelscheiben zu deftig sind: Ein Zanderfilet fühlt sich auch mit cremigen Beilagen wie Kürbis- oder Kohlrabigemüse (Rezept Seite 136) wohl. Auch Frühkraut, mit Paprika gedünstet und mit Obers vollendet, schmeckt sehr gut dazu. Eine weitere feine, außergewöhnliche Beilage zum gebratenen Zander: Schneiden Sie zwei junge Artischocken in sehr dünne Streifen und rösten Sie diese in Olivenöl. Mit Salz, Pfeffer und einem Spritzer Zitronensaft würzen.

Zanderfilet mit Paradeis-Pesto

und gebackenen Erdäpfelscheiben

Die Herausforderung beim Braten von Fisch ist nicht die eigentliche Rezeptur. Die ist meist ziemlich einfach. Worauf es ankommt, ist das richtige Timing. Brät der Fisch zu lange (und dabei geht's um Minuten, manche sagen um Sekunden), ist er hoffnungslos trocken. Ist der Fisch fertig gebraten, muss deshalb alles zack, zack! gehen, damit er unverzüglich auf dem Teller landet. Mit ein bisschen Übung und der richtigen Einteilung aber kein Problem.

Paradeis-Pesto
2 EL Pinienkerne
2 EL Olivenöl
Saft von 1/2 Zitrone
4 Blätter Basilikum
4 Salbeiblätter
4 Zweige Thymian
2 Zehen Knoblauch
4 Paradeiser
Salz

Zanderfilet
4 Zanderfilets
(180–200 g pro Filet)
Saft von 1 Zitrone
1 EL Mehl
Olivenöl zum Braten
Salz

Gebackene Erdäpfel
8 Erdäpfel
1 EL Mehl
2 EL Pflanzenöl
Salz

Für das Pesto Pinienkerne mit Olivenöl, Zitronensaft, einer Prise Salz, Kräutern und Knoblauch im Mörser zerreiben oder im Cutter fein hacken. Paradeiser kurz blanchieren und die Haut abziehen. In kleine Würfel schneiden und unters Pesto rühren.

Zanderfilets mit Zitrone beträufeln und salzen. Auf der Hautseite in Mehl tauchen und mit der bemehlten Seite nach unten im Olivenöl braten. Nicht wenden!

Deckel auf die Pfanne setzen und langsam fertig braten, bis das Eiweiß aus der Fischoberseite heraustritt (ca. 5 Minuten).

Für die Erdäpfelscheiben Erdäpfel kochen, schälen und in ca. 1/2 cm dicke Scheiben schneiden. Salzen, im Mehl wenden und im Öl knusprig braten.

Erdäpfelscheiben auf dem Teller verteilen, Fisch darauflegen und mit Pesto überziehen.

MEIN TIPP

Bei einem Zanderfilet wie diesem lass ich die Pfeffermühle stehen. Salz und Zitronensaft genügen. Das Pesto können Sie auch schon am Vortag zubereiten. Wenn die Oberfläche gut mit Olivenöl bedeckt ist, hält es sich im Kühlschrank tagelang.

VINARIA-TIPP

Grüner Veltliner Gebling (Gastro-Magnum), Weingut Erich Berger, Gedersdorf

VARIATIONEN

Ein wunderbares Rezept für diejenigen, die ihren Fisch gern im Soßerl schwimmen sehen. **Saiblingsfilet in Backpapier im Safran-Weißburgundersafterl:** 1 Messerspitze Safranfäden so lange in 1/2 l Weißburgunder köcheln, bis der Wein eine gelbe Farbe angenommen hat (ca. 5 Minuten). 4 Stück Backpapier auf die Arbeitsfläche legen, Butter und gehackte Petersilie draufgeben. Je 1 Saiblingsfilet auf je ein Papier legen, 4 in Ringe geschnittene Frühlingszwieberl auf den Filets verteilen, je 2 EL Safranwein darübergießen. Das Ganze gut in Backpapier einpacken, in eine feuerfeste Form legen und so lange auf die heiße Herdplatte stellen, bis es in den Packerln hörbar zischt (ca. 2–3 Minuten). Dann gleich ins 180 Grad heiße Rohr (ca. 5 Minuten), im Backpapier auf Teller legen und servieren. Vorsicht beim Öffnen: Der austretende Dampf duftet zwar unsagbar gut, ist aber extrem heiß! Dazu gibt's frisches Weißbrot.

Saiblingsfilets mit Spargel-Risotto

und Spargel-Eierschaum

Zweimal pro Woche wird mein Wirtshaus mit frischem Fisch beliefert. Fisch in Topqualität gehört für mich einfach zu einer Wirtshausküche, die nicht beim Gulasch enden will. Nichts gegen das Gulasch, aber es verkörpert eben nur die *eine* Welt im Wirtshaus. Ich aber will meinen Gästen das Beste *zweier* Welten bieten ...

Saiblingsfilets
4 Saiblingsfilets
(180–200 g pro Person)
Saft von 1/2 Zitrone
2 EL Mehl
2 EL Olivenöl zum Braten
Salz

Spargel
4 Stangen weißer Spargel
1/8 l Wasser
1/8 l Weißwein
1 TL Zucker
1 TL Salz

Risotto
1/2 Zwiebel
1 EL Butter
150 g Rundkornreis
Salz, weißer Pfeffer

Spargel-Eierschaum
2 Dotter
1 TL Kremser Senf
4 EL Spargelsud
Salz

Spargel schälen und die holzigen Enden wegschneiden. Wasser mit Salz, Zucker und Weißwein aufkochen und Spargelstangen einlegen. Bissfest kochen, den Spargel herausnehmen und den Sud aufheben.

Fürs Risotto fein geschnittene Zwiebel in Butter anschwitzen, den Reis dazugeben und mit einem Teil des Spargelsudes (4 EL für den Eierschaum aufheben) aufgießen. Unter ständigem Rühren und Aufgießen kochen, bis der Reis schön breiig, aber noch kernig ist (ca. 20 Minuten).

Saiblingsfilets mit Zitrone beträufeln und salzen. Auf der Hautseite in Mehl tauchen und mit der bemehlten Seite nach unten im Olivenöl braten. Nicht wenden! Deckel auf die Pfanne setzen und langsam fertig braten, bis das Eiweiß aus der Fischoberseite heraustritt (ca. 5 Minuten).

Kurz vor dem Anrichten für den Spargel-Eierschaum 2 Dotter und 4 EL Spargelsud mit Salz und Kremser Senf über Dunst schaumig schlagen.

Die Saiblingsfilets mit den Spargelstangen und dem Risotto anrichten, den Eierschaum über den Spargel ziehen.

MEIN TIPP

Klar, dass man sich für den Hausgebrauch keinen eigenen Lieferanten frischer Fische engagieren kann. Kein Problem: Tiefgekühlte Fische sind heutzutage von guter Qualität und absolut kein Kompromiss mehr.

VINARIA-TIPP

Roter Veltliner Strasser Wechselberg, Weingut Birgit Eichinger, Strass

Jakobsmuscheln mit Blunzen-Krusterl

und Oberskraut

Ich kann schon verstehen, wenn jetzt manche fragen: Was hat die Jakobsmuschel im österreichischen Wirtshaus zu tun? Und warum um Gottes Willen diese Partnerschaft mit der Blunzen? Meine Antwort darauf ist ganz einfach: Weil's schmeckt und weil ich mir immer wieder gerne einen Blick über den Tellerrand erlaube. Und wenn ich das Gefühl habe, dass man mal die Blunzen mit der Jakobsmuschel bekannt machen sollte, dann tu ich das auch. Machen Sie mit mir diesen kleinen Ausflug ins Ungewöhnliche.

Blunzenkrusterl
150 g Blunzen
1/2 Zwiebel
1 Eiklar
2 EL Brösel
2 EL Butter
Majoran
Salz, Pfeffer

Jakobsmuscheln
16 Jakobsmuscheln, ausgelöst
Saft von 1/2 Zitrone
Salz

Oberskraut
500 g Sauerkraut
1 EL Öl
1 kleine Zwiebel
1/8 l Weißwein
2 Lorbeerblätter
4 Wacholderbeeren
1/16 l Obers

Für die Blunzenmasse die halbe Zwiebel klein schneiden, in Butter hell anrösten, die klein geschnittene Blunzen dazu und kurz mitrösten. Die Pfanne vom Herd nehmen und die Masse etwas überkühlen lassen, Eiklar und Brösel unterrühren. Mit Majoran, Salz und Pfeffer würzen.

Die Jakobsmuscheln salzen, mit Zitronensaft beträufeln und bei mittlerer Hitze in der Pfanne langsam auf beiden Seiten braten. Das Muschelfleisch sollte innen noch ein bisschen glasig sein. Die Jakobsmuscheln in eine feuerfeste Form setzen und die Blutwurstmasse auf den Jakobsmuscheln verteilen. Im Rohr bei starker Oberhitze ca. 2 Minuten gratinieren.

Für das Oberskraut Kraut kurz waschen, gut ausdrücken und ein paar Mal durchschneiden. Die klein geschnittene Zwiebel im Öl anschwitzen, mit Weißwein ablöschen, Sauerkraut, Lorbeerblätter und Wacholderbeeren dazugeben. Mit Wasser aufgießen und weich kochen. Am Schluss mit Obers vollenden. Wer´s sämiger mag, bindet das Kraut mit einem fein gerissenen Erdapfel, der die letzten Minuten mitgekocht wird.

MEIN TIPP

Beim Kauf der Jakobsmuscheln darf man keinen Kompromiss eingehen. Das heißt, die Bezugsquelle muss 100 Prozent vertrauenswürdig sein. Sollten Sie keinen entsprechenden Fischhändler in Ihrer Nähe haben: In gut sortierten Supermärkten gibt's Tiefkühl-Jakobsmuscheln in guter Qualität.

VINARIA-TIPP

Weißburgunder Der Wein vom Stein, Weingut Ludwig Neumayer, Inzersdorf

VARIATIONEN

Wer kein Sauerkraut mag, serviert die Jakobsmuscheln mit gedünstetem Blattspinat, Mangold oder auch mit Erdäpfelpüree. Weniger deftig werden die Jakobsmuscheln mit Garnelen- oder Flusskrebserl-Krusterl. Dazu die Blunzen durch 150 g klein geschnittene Garnelen oder Flusskrebserl ersetzen und den Majoran zum Würzen weglassen.

VARIATIONEN

Der oben abgebildete Eierschaum ist vielseitig einsetzbar und schnell gemacht: Einfach 2 Dotter, 4 EL Suppe, 1 TL Kremser Senf und eine Prise Salz über Dunst schaumig schlagen. Passt wunderbar zu gebratenem oder gedünstetem Fisch.

Knusprige Wallerstreifen

auf Tintenfischkrautfleisch und Speckgarnelen am Rosmarinzweig

Ein ungewöhnliches Aufeinandertreffen von Süßwasser- mit Meeresfisch und von Speck mit Garnelen. Dass der Tintenfisch dabei noch im Sauerkraut daherkommt, ist einer von jenen kulinarischen Einfällen, die man nur bei sehr guter Laune haben kann. Meine Gäste verstehen offensichtlich Spaß und haben dieses Gericht zu einem der absoluten Lieblinge unter meinen jungen Klassikern erkoren.

Tintenfischkrautfleisch
4 Scheiben Speck
1/2 Zwiebel
1 EL Pflanzenöl
2 EL Paprika, edelsüß
1/8 l Weißwein
1/8 l Wasser
500 g Sauerkraut
1 Lorbeerblatt
1 EL Pflanzenöl
1 TL Maizena
1/8 l Obers
2 Stk. Tintenfisch-Tuben
(ca. 100 g)

Speckgarnelen
8 Garnelen
(geschält, vom Darm befreit)
4 Scheiben Speck, halbiert
4 Rosmarinzweige
1/4 l Pflanzenöl

Wallerstreifen
2 Wallerfilets
Saft von 1/2 Zitrone
4 EL Mehl
2 EL Olivenöl

Für das Krautfleisch klein geschnittene Zwiebel und in Streifen geschnittenen Speck anschwitzen. Paprikapulver dazugeben, kurz durchrösten, mit Weißwein ablöschen und mit Wasser aufgießen. Das gewässerte und ausgedrückte Sauerkraut (siehe „MEIN TIPP“) und das Lorbeerblatt dazugeben und weich dünsten (ca. 20 Minuten). Mit Maizena binden und mit Obers verfeinern.

Garnelen einmal mit Speck umwickeln. Mit dem Messer die Nadeln von den Rosmarinzweigen abschaben und oben eine „Krone“ aus Rosmarinblättern lassen. Je 2 Garnelen auf einen Zweig spießen.

Die Wallerfilets in insgesamt 8 Streifen schneiden, mit Zitrone beträufeln, salzen und in Mehl wenden. Gemeinsam mit den Garnelenspießen im Öl braten (ca. 5 Minuten).

Parallel dazu in einer zweiten Pfanne den in Ringe (1/2 cm) geschnittenen Tintenfisch im Öl knusprig braten (ca. 2 Minuten).

Das Kraut mit den Tintenfischringen anrichten, die gebratenen Wallerstreifen daneben und den Garnelenspieß darüberlegen. Wer mag, zieht über das Gericht noch Eierschaum und garniert mit Forellenkaviar.

MEIN TIPP

Damit das Sauerkraut nicht ganz so intensiv und „sauer“ ist, gebe ich es immer in ein Sieb und lasse es abtropfen. Danach spüle ich es kurz mit kaltem Wasser durch und drücke es gut aus.

VINARIA-TIPP

Chardonnay Gebling, Sepp und Niki Moser, Rohrendorf, oder
Rubin Carnuntum, Hans und Philipp Grassl, Göttlesbrunn

Waldviertler Karpfenfilets

gebacken in Lebkuchenbröseln mit Kürbis-Zwetschkenröster

Riechen Sie nicht schon Weihnachten, allein wenn Sie den Namen dieses Gerichts lesen? Für mich ist der gebackene Karpfen in der Lebkuchenpanier ein (Vorweihnachts-)Klassiker. Meine Karpfen kommen selbstverständlich aus dem Waldviertel, etwa vom Stift Zwettl. Sparen Sie aber bei der Panier nicht mit Salz und beim Filet nicht mit Zitrone. Der Karpfen verträgt das. Nach einem Beilagentipp werden Sie bei diesem Rezept übrigens vergeblich suchen. Ich denke, dass die deftige Panier schon „Beilage" genug ist.

Karpfenfilets
800 g Karpfenfilets ohne Haut, geschröpft und entgrätet
Öl zum Backen
Saft von 1 Zitrone
Salz

Panier
4 EL Mehl
2 Eier
150 g Lebkuchen, unglasiert, fein gerieben
250 g Semmelbrösel

Kürbis-Zwetschkenröster
2 kleine Schalotten
2 EL Öl (Rapsöl oder hochwertiges Sonnenblumenöl)
2 EL brauner Zucker
1/4 l Rotwein
250 g Kürbis
3 EL Powidl
gestoßener Kümmel
Rotweinessig
Salz, Pfeffer

Für den Kürbis-Zwetschkenröster fein geschnittene Schalotten im Öl anschwitzen. Braunen Zucker dazugeben und schmelzen lassen, mit Rotwein aufgießen. Kürbisse schälen, entkernen und in kleine Würfel schneiden, zu den Rotwein-Zwiebeln geben und ca. 2 Minuten kochen. Mit Powidl binden, bis eine sämige Soße entsteht. Mit Salz, Pfeffer, Kümmel und Balsamico würzen. Röster bei ständigem Rühren auf kleiner Flamme einköcheln lassen.

Karpfenfilet in Portionsstücke teilen und mit Zitrone beträufeln, salzen und in Mehl, Ei und der Lebkuchen-Bröselmischung panieren. Im heißen Öl goldgelb backen und auf Küchenpapier abtropfen lassen.

Karpfenfilets auf dem Kürbis-Zwetschkenröster anrichten.

MEIN TIPP

Machen Sie vom Kürbis-Zwetschkenröster gleich die doppelte oder dreifache Menge und füllen Sie den Röster noch heiß in gut verschließbare Gläser. Die süß-deftige Soße passt auch hervorragend zu gebratener Ente oder kaltem Fleisch.

VINARIA-TIPP

Neuburger Smaragd, Weingut Franz Hirtzberger, Spitz

VARIATIONEN

Wer Karpfen nicht so sehr schätzt oder ihn gerade nicht frisch bekommt, der kann zu Wels- oder Zanderfilets greifen. Zwar nicht mehr so weihnachtlich, aber trotzdem sehr gut.

Räucherlachs-Nockerln

mit Flusskrebserl-Limettensoße

Über diesem Gericht schweben zwei Geheimnisse, die ich gleich zu Beginn lüften will. Erstens: Die Sache funktioniert nur, wenn alle Zutaten ganz kalt sind. Sonst zerrinnen die Masse und der Traum vom schönen Fischnockerl. Zweitens: Am mysteriösen Verschwinden der Fischnockerlmasse auf ihrem Weg vom Mixer zum Kochwasser bin ich Schuld. Mir schmeckt diese Masse nämlich so gut, dass oft schon ein Teil weg ist, bevor ich zum Nockerlformen komme ...

Das Weißbrot entrinden und in Milch einweichen. Den kalten Räucherlachs im Mixer pürieren. Das Ei dazugeben und langsam das kalte Obers dazugießen. Weiterpürieren. Das gut ausgedrückte Weißbrot beigeben. Mit Salz und weißem Pfeffer würzen. Die Fischmasse kühl stellen. Mit Hilfe zweier Esslöffel Nockerln formen und 8–10 Minuten in Salzwasser pochieren. Für die Soße das Obers mit Weißwein, Fischfond und dem Saft einer Limette zu einer dickflüssigen Soße einkochen. Die Limetten-Zesten dazugeben. Die Soße bei Bedarf mit etwas Maizena binden. Flusskrebserln unterziehen und in der Soße warm werden lassen. Die Soße über die Nockerln ziehen – das ergibt wie von selbst ein hübsches Bild.

Räucherlachs-Nockerln
200 g Räucherlachs
1 Ei
1/4 l Obers
3 Scheiben Weißbrot
Salz, weißer Pfeffer

Flusskrebserl-Soße
1/4 l Obers
1/8 l Weißwein
Fischfond (gibt's fertig im Glas, alternativ Gemüsesuppe)
1 Limette
20 Flusskrebserln (fertig gekauft, in Lake eingelegt)

VINARIA-TIPP

Riesling Pichl Federspiel, Weingut Josef Jamek, Joching

Tintenfischringe
8 Stk. Tintenfisch-Tuben, tiefgefroren oder frisch
Saft von 1 Zitrone
4 EL Mehl
Öl zum Backen
Salz

Kräuterbutter
125 g Butter
2 EL Kräuter, je nach Saison
2 EL Olivenöl
1 TL Estragonsenf
4 Knoblauchzehen
Saft von 1/2 Zitrone
Salz, Pfeffer

VINARIA-TIPP

Sauvignon Blanc (Gastro-Magnum), Weingut Josef Aichinger, Schönberg

Tintenfischringe

mit Kräuterbutter

Zugegeben, die Tintenfische klingen nicht gerade nach niederösterreichischem Wirtshaus. Aber haben nicht auch Wirtsleute und deren Gäste ein Recht auf einen Hauch von Sonne, Urlaub und Meer? Bei diesem Gericht werden Sie jedenfalls das Meer rauschen hören.

Für die Kräuterbutter die Butter schaumig rühren. Kräuter fein hacken, mit Olivenöl verrühren und zur Butter rühren. Mit Senf, zerdrückten Knoblauchzehen, Salz, Pfeffer und Zitronensaft würzen.

Tintenfisch-Tuben putzen und in Ringe schneiden, mit Zitrone und Salz würzen, in Mehl wenden und im Öl rasch knusprig backen. Das dauert kaum länger als 1 bis 2 Minuten, andernfalls werden die Ringe zäh und hart! Tintenfischringe auf Küchenpapier abtropfen lassen und warm stellen. Das Bratöl abgießen. Die Kräuterbutter in der Pfanne zergehen lassen und die Ringe kurz darin schwenken. Dazu passt Weißbrot.

Der Zahn der Zeit

Ob leichtes Fischgericht oder deftige Hausmannskost – die Speisen landen letztendlich alle auf dem Tisch. Die Tische in meinem Wirtshaus haben viel zu erzählen. Rund 100 Jahre stehen sie schon in der Gaststube. Sie sind aus besonders widerstandsfähigem Ahornholz gemacht und wurden zu Großmutters Zeiten noch täglich geschrubbt. Mit dem Effekt, dass die Tischplatten nach und nach immer dünner wurden. Heute sehen sie so aus wie auf diesem Foto, vor Jahrzehnten hatten sie ein paar Zentimeter mehr zu bieten. Damit diese Zeitzeugen unserer Wirtshausgeschichte nicht im wahrsten Sinne des Wortes bald ganz weggewischt sind, werden die Tischplatten neben der täglichen Reinigung jetzt nur noch einmal in der Woche geschrubbt.

OHNE FLEISCH

VARIATIONEN

Statt des Zucchinikrauts schmeckt natürlich auch Sauerkraut als Beilage. Feiner und milder wird´s, wenn man es mit einem guten Schuss Obers bindet.

Räuchertofu-„Schweinsbraten“

mit Vollkorn-Nussknödel und eingelegtem Zucchinikraut

Auch wenn's unglaublich klingt: Zu dieser Speise hat mich der klassische Schweinsbraten mit Knödel inspiriert. Ein echter Ersatz für den Fleischklassiker wird das Räuchertofu-Schnitzerl wohl kaum sein, eine interessante Alternative ist es allemal ...

Vollkorn-Nussknödel
600 g Vollkornwürfel (aus Vollkornbrot vom Vortag, geschnitten)
1/8 l Milch
1/2 Zwiebel
2 EL Butter
2 EL geriebene Nüsse (z.B. Walnüsse, Haselnüsse, Mandeln)
3 Eier
1 EL Dinkelmehl
Salz

Tofu-„Schweinsbraten“
4 Scheiben Räuchertofu
2 EL Olivenöl
1 EL Butter
1/2 TL Kümmel
2 Knoblauchzehen
1/8 l Gemüsesuppe
Salz

Zucchinikraut
Rezept siehe Seite 235

Für die Knödel die Vollkornwürfel in Milch einweichen (ca. 1/2 Stunde). Klein geschnittene Zwiebel in Butter anschwitzen, Nüsse dazugeben und kurz rösten. Eier, Zwiebel, Nüsse, Dinkelmehl und Salz zum Knödelbrot geben und durchrühren. Mit nassen Händen Knödel formen und im Salzwasser ziehen lassen (ca. 10 Minuten).

Den Räuchertofu trockentupfen und beidseitig im Olivenöl braten, aus der Pfanne nehmen und warm stellen. Im Bratrückstand Butter zergehen lassen, Kümmel und gepressten Knoblauch dazugeben, salzen und mit Gemüsesuppe aufgießen. Einkochen lassen, bis ein kräftiger Saft entsteht.

Tofuscheiben mit Saft überziehen und mit Knödel und Zucchinikraut anrichten.

MEIN TIPP

Nehmen Sie für Gerichte wie dieses immer den Räuchertofu. Er schmeckt einfach würziger.

VINARIA-TIPP

Chardonnay Barrique, Weingut Franz Türk, Stratzing

Brennnessel-Schafkäse-Ravioli

mit Ringelblumen-Soße

Feta, der würzige, etwas härtere Schafkäse, eignet sich perfekt für die unterschiedlichsten Füllen. Mit dem nussigen Geschmack von jungen Brennnesseln harmoniert er besonders gut. Die Ringelblumensoße gibt der ganzen Sache noch den nötigen Kick.

Ravioli
2 Hand voll Brennnesselblätter
3 EL Schafkäse (Feta)
2 Basilikumblätter
1/2 Knoblauchzehe
Salz, Pfeffer
750 g Erdäpfelteig (Rezept siehe Seite 190)

Ringelblumen-Soße
4 EL Ringelblumenblüten (frisch oder getrocknet in Teeform)
1/4 l Wasser
1 EL Butter
1 EL Mehl
2 EL Ahornsirup
Saft von 1/4 Zitrone
1/8 l Obers
Salz

Brennnesselblätter blanchieren, im Sieb abschrecken (so behalten sie Farbe), abtropfen lassen und fein hacken. Mit Schafkäse abmischen. Basilikumblätter hacken und mit dem gepressten Knoblauch zur Schafkäsemischung geben. Mit Salz und Pfeffer würzen.

Erdäpfelteig ausrollen und mit einem Löffel walnussgroße Portionen von der Fülle auf den Teig setzen. Kreise ausstechen, eine Kreishälfte über die Fülle klappen und Ränder zusammendrücken, sodass halbmondförmige Ravioli entstehen. Im Salzwasser bissfest kochen (ca. 5 Minuten).

Getrocknete Ringelblumenblüten in Wasser einlegen. 1/4 l Wasser zum Kochen bringen. Ringelblumen darin verkochen lassen (15–20 Minuten) und mit dem Pürierstab pürieren.

Butter zergehen lassen und mit dem Mehl eine leichte Einbrenn bereiten. Mit dem Ringelblumensud aufgießen, mit Ahornsirup, Zitronensaft und Salz abschmecken, mit Obers vollenden.

Ravioli auf Teller legen, Ringelblumensoße darüberziehen und mit frischen Ringelblumenblättern bestreuen.

MEIN TIPP

Sieht gut aus und schmeckt auch so: Die Ravioli werden auf Zucchinistreifen angerichtet. Zucchini längs in Streifen schneiden, in heißem Olivenöl scharf anbraten und salzen. Frischen Parmesan darüberhobeln.

VINARIA-TIPP

Grüner Veltliner Pichl Point Federspiel, Weingut Johann Bäuerl, Joching

VARIATIONEN

Eine schnelle Variante, wenn Ihnen die Soße mit den Ringelblumen zu lange dauert: Die Ravioli einfach mit geschmolzener Butter und frischen Parmesanspänen genießen.

VARIATIONEN

Wenn Sie das Dinkelmehl durch Roggenmehl ersetzen, wird der Schmarren dunkler und kräftiger im Geschmack. Dazu passen ebenso kräftige Gewürze wie Rosmarin und Thymian. Statt des Kürbis-Chutneys eignen sich auch Paradeiser-Schalottengemüse (Rezept Seite 111) oder eingelegtes Zucchinikraut (Rezept Seite 235) als Beilage.

Dinkel-Kaiserschmarren

mit Schafkäse, Oliven und Kürbis-Chutney

Natürlich hat auch Dinkelmehl als Zutat Platz in meiner Wirtshausküche. Es ist dann mein Ehrgeiz, dass diese Gerichte besonders pfiffig schmecken. Als Beweis dafür, dass es auch gesund und gschmackig geht.

Dinkel-Kaiserschmarren
8 Eier
3/4 l Mineralwasser, prickelnd
8 Esslöffel Dinkelmehl
1 EL Petersilie
1 EL Kerbel
Butter für die Form
12 schwarze Oliven, entkernt
200 g Schafkäse (Feta)
Salz

Kürbis-Chutney
Rezept siehe Seite 235

Aus 8 Dottern, Mineralwasser, Dinkelmehl und einer Prise Salz einen Kaiserschmarrenteig rühren. Zum Schluss Eischnee und die gehackten Kräuter unterheben.

Eine Auflaufform mit Butter ausstreichen. Kaiserschmarrenmasse eingießen und im Rohr bei 200 Grad backen (ca. 15 Minuten). Kurz vor dem Fertigbacken zerbröselten Schafkäse und gehackte Oliven auf der Oberfläche des Schmarrens verteilen und weiterbacken (ca. 3 Minuten).

Den Schmarren vor dem Servieren mit zwei Gabeln auseinanderreißen und mit einem guten Löffel Kürbis-Chutney anrichten.

MEIN TIPP

Mineralwasser, das ich im Schmarrenteig statt der Milch verwende, lässt den Teig besonders locker werden. Natürlich funktioniert es aber auch mit Milch.

VINARIA-TIPP

Chardonnay Vollmondlese, Winzerhof Familie Dockner, Höbenbach

VARIATIONEN

Probieren Sie die **Schupfnudeln** auch einmal **mit Pilzsoße.** Rösten Sie dazu 400 g geschnittene Austernpilze mit Zwiebel an und gießen Sie diese mit 1/8 l Gemüsesuppe auf. Würzen Sie alles mit Salz, Pfeffer und einer Messerspitze gestoßenem Kümmel, geben Sie 2 EL gehackte Petersilie dazu und lassen Sie alles ein bisschen einkochen. Zum Schluss mit 1/4 l Obers vollenden, kurz aufköcheln lassen und eventuell mit Maizena binden. Mit den Schupfnudeln servieren. Frischen Parmesan darüberreiben.

Thymian-Kürbisgulasch

mit Erdäpfelschupfnudeln

Nach jahrzehntelanger Missachtung hat in den letzten Jahren mancherorts geradezu eine Kürbisschwemme eingesetzt. In meiner Wirtshausküche setze ich den Kürbis schon immer gerne mit Maß und Ziel ein. Das Kürbisgulasch ist eines meiner liebsten Rezepte. Wegen seines fein-nussigen Geschmacks nehme ich dazu immer den Hokkaido-Kürbis.

Kürbisgulasch
1 Zwiebel
2 EL Öl zum Braten
800 g Kürbisfleisch (Hokkaido)
2 EL Paprikapulver
1/4 l Gemüsesuppe
4 Zweige frischer Thymian, gerebelt
1/2 TL Majoran
1/2 TL gestoßener Kümmel
1 EL Maizena
1/16 l Obers
Salz, Pfeffer

Erdäpfelschupfnudeln
800 g Erdäpfelteig
(Rezept Seite 190)

Klein geschnittene Zwiebel anbraten, Paprikapulver dazugeben, kurz durchrösten und mit Gemüsesuppe aufgießen. Mit Thymian, Majoran, Kümmel, Salz und Pfeffer würzen. Das Kürbisfleisch in 2 cm große Würfel schneiden und im Gulaschsaft weich dünsten. Mit Maizena binden und mit Obers vollenden.

Aus dem Erdäpfelteig die Nudeln „wuzeln".

Während das Kürbisgulasch kocht, die Erdäpfelnudeln ins Salzwasser geben und kochen, bis sie an der Oberfläche schwimmen (ca. 6–8 Minuten). Abschöpfen und kurz in heißer Butter schwenken.

Auf dem Kürbisgulasch anrichten.

VINARIA-TIPP

Grüner Veltliner Spitzer Weingärten Federspiel, Weingut Sighardt Donabaum, Spitz

Kleine Rote Rüben im Veltlinerteig

mit Krensoße

Es gibt Speisen, die glänzen durch Bescheidenheit. Diese ist so eine. Die Rüben, der Kren, der Backteig – alles Zutaten, die nicht besonders aufregend klingen. Aber in dieser schlichten Kombination in meinen Augen einfach perfekt. Womit wieder bewiesen wäre: Gutes muss nicht immer teuer sein.

Rote Rüben
16 kleine Rote Rüben
1/8 l Wasser
Saft von 1 Zitrone
2 EL brauner Zucker
1 Schuss Rotweinessig
Mehl
Salz, Pfeffer

Backteig
200 g Mehl
1/4 l Weißwein
4 Eier
2 TL Olivenöl
Öl zum Backen
Salz

Krensoße
2 EL Mehl
2 EL Butter
1/4 l Apfelsaft
1/8 l Gemüsesuppe
1 Apfel
Kren
Prise Zucker
Saft von 1/2 Zitrone
1 Schuss Weißweinessig
2 EL geschlagenes Obers
Salz, Pfeffer

Rote Rüben waschen und weich kochen (je nach Größe 1/2 bis 1 Stunde). Schälen und halbieren. Aus warmem Wasser, Zitronensaft, Zucker, Salz, Pfeffer und Rotweinessig einen Sud bereiten. Gekochte Rüben über Nacht oder einige Stunden einlegen.

Für den Backteig Mehl, Wein, Dotter, Olivenöl und Salz zu einem dickflüssigen Teig verrühren. Eiweiß zu Schnee schlagen und unter den Teig heben.

Rüben aus dem Sud nehmen und mit Küchenpapier abtupfen. Salzen und mit Zitrone beträufeln. In Mehl tauchen, durch den Backteig ziehen und im heißen Öl schwimmend knusprig backen.

Für die Krensoße aus Mehl und Butter eine helle Einbrenn bereiten. Mit Apfelsaft und Suppe aufgießen. Geschälten Apfel und frischen Kren fein reißen, zur Soße geben und kurz verköcheln lassen. Mit Zucker, Salz, Pfeffer und einem Spritzer Weißweinessig würzen. Mit dem Stabmixer pürieren und mit Obers vollenden.

Die gebackenen Rüben auf der Krensoße anrichten, mit frisch gerissenem Kren bestreuen.

MEIN TIPP

Rote Rüben zu kochen und zu schälen ist eine ganz schöne Patzerei. Wer sich die ersparen will, greift zu den vakuumverpackten, gekochten Roten Rüben aus dem Supermarkt. Diese müssen nur mehr mundgerecht zerteilt werden, bevor sie in die Marinade kommen.

VINARIA-TIPP

Grüner Veltliner Steven Holl, Weingut Karl Steininger, Langenlois

VARIATIONEN

Der erdige Geschmack der Roten Rüben harmoniert auch perfekt mit einer Süßweinvinaigrette: Dazu 1 Teil Beerenauslese, 1 Teil Weißweinessig, 3 Teile Pflanzenöl, Salz, Pfeffer und eine Prise Zucker zu einer Marinade rühren und statt der Krensoße zu den Roten Rüben servieren.

VARIATIONEN

Wenn Sie gerade keinen Perlweizen daheim haben, ersetzen Sie die angegebene Menge einfach durch Lang- oder Rundkornreis. Die klassischen gefüllten Paprika mit Faschiertem finden Sie auf Seite 133.

Gefüllte Paprika

mit Schafkäse, Perlweizen und Oliven auf Paradeiser-Schalottengemüse

Warum nicht einmal einen Klassiker aus der Fleischküche nehmen und daraus eine fleischlose Variante komponieren? In diesem Fall habe ich die guten alten gefüllten Paprika statt mit Faschiertem mit einer Schafkäse-Perlweizenmischung versehen. Weil der eher langweilige Perlweizen etwas Anregung braucht, kombiniere ich das Ganze mit einer Paradeiser-Schalottenmarmelade. Schließlich haben sich auch jene, die auf Fleisch verzichten wollen, einen süßsauren Gaumenkitzel verdient.

Gefüllte Paprika
16 kleine od. 8 große Paprika
2 Schalotten
4 EL Olivenöl
150 g Schafkäse (Feta)
400 g Perlweizen, gekocht
8 EL Topfen (40% Fett)
24 Stk. schwarze Oliven, entkernt, klein geschnitten
Muskatnuss
Salz, Pfeffer

Schalottengemüse
12 Paradeiser, mittelgroß
8 Schalotten
2 Wacholderbeeren
2 Lorbeerblätter
1 Prise brauner Zucker
2 EL Olivenöl
1/8 l Weißwein, trocken
1 Schuss Rotweinessig
Salz, Pfeffer

Schalotten klein schneiden und in Olivenöl glasig braten, vom Herd nehmen. Mit Schafkäse, gekochtem Perlweizen, Topfen und Oliven vermengen und mit Salz, Pfeffer und Muskatnuss abschmecken. Die „Paprika-Deckel" auf der Stielseite abschneiden und die Kerne entfernen. Fülle in die Paprika streichen, Deckel draufsetzen.

In eine feuerfeste Form schlichten und bei 180 Grad braten (ca. 35 Minuten).

Die Paradeiser kurz überbrühen, die Haut abziehen, entkernen und kleinwürfelig schneiden. Schalotten in Olivenöl anschwitzen, eine Prise braunen Zucker dazugeben und mit dem Weißwein aufgießen. Paradeiserwürfel, Lorbeerblätter und Wacholderbeeren dazugeben und gut verkochen lassen. Mit Rotweinessig, Salz und Pfeffer abschmecken.

MEIN TIPP

Besonders hübsch wird dieses Gericht, wenn Sie nicht „normal" große, sondern die kleineren Spitzpaprika verwenden.

VINARIA-TIPP

Weißburgunder, Weingut Anton Hagen, Krems, oder
St. Laurent Reserve, Weingut Meinrad Forstreiter, Hollenburg

Polenta-Auflauf mit Schafkäse

und Oliven auf Spargel-Gemüse-Gröstl

Raffiniert und trotzdem deftig soll es sein – das war mein Ehrgeiz, als ich diese Kombination zum ersten Mal ausprobierte. Die doch eher wuchtige Polenta erhält durch das Gemüsegröstl einen knackig-leichten Kontrapunkt.

Polenta-Auflauf
400 g Polenta, fein
1 1/4 l Salzwasser
2 EL Butter
4 Eier
12 Oliven, entkernt
100 g Schafkäse (Feta)
4 kleine Salbeiblätter
Salz, Pfeffer

Gemüsegröstl
3 Paradeiser
2 EL Olivenöl
8 Stangen grüner Spargel
1/2 Stange Lauch
1 kleine Zucchini
8 Mangoldblätter
1 Knoblauchzehe
2 EL Obers
Salz, Pfeffer

Polenta in siedendes Salzwasser geben und unter ständigem Rühren so lange einkochen, bis sich die Masse vom Topfboden löst (ca. 15 Minuten). Butter unterrühren, Masse etwas überkühlen lassen und anschließend vier Dotter unterrühren. Oliven klein schneiden und mit zerbröckeltem Schafkäse und gehackten Salbeiblättern zur Polenta geben. Schnee unterziehen und in ausgefettete Förmchen oder eine befettete Rehrückenform streichen und im Rohr bei 170 Grad backen (ca. 40 Minuten).

Für das Gröstl Paradeiser kurz in heißes Wasser legen, enthäuten und in Würfel schneiden. Spargel schräg in Stücke schneiden. Spargelstücke, Lauchringe, klein geschnittene Zucchini, Mangoldblätter, zerdrückte Knoblauchzehe und Paradeiswürfel im Olivenöl anrösten, mit Salz und Pfeffer würzen. Wer mag, gibt noch einen Schuss Obers dazu, das macht das Gröstl ein bisschen „molliger".

Polenta-Auflauf aus der Form heben und auf dem Gemüsegröstl anrichten.

MEIN TIPP

Für das Gemüsegröstl eignet sich natürlich jede Art von Gemüse. Das Gröstl mit dem Polenta-Auflauf ist auch eine köstliche Beilage zu Lamm.

VINARIA-TIPP

Malvasier, Weingut Alfred Deim, Schönberg/Kamp

VARIATIONEN

Mit dem Polenta-Auflauf harmoniert auch sehr gut eine Rosmarinsoße: Rosmarinnadeln mit Weißwein und trockenem Wermuth einkochen, Suppe und Obers dazugeben, einkochen, die Rosmarinnadeln abseihen und die Soße mit kalter Butter binden. Ebenfalls ein guter Begleiter des Polenta-Auflauf ist Blattspinat: in heißer Butter oder Olivenöl schwenken und mit Salz, Pfeffer und zerdrücktem Knoblauch würzen.

Spargel-Schwammerl-Gröstl

– die einfachste Geschichte der Welt

„Kaisergemüse" nannte man im 19. Jahrhundert den Spargel und verzehrte ihn gern bei Hof und in herrschaftlichen Häusern. Heute hat er es Gott sei Dank schon längst in die bürgerlichen Wirtshäuser geschafft. Den Spargel mit Butter oder Soße Hollandaise kennen und lieben wir. Hier aber mal etwas Anderes: Der Spargel wird in mundgerechte Stücke geschnitten und gemeinsam mit Schwammerln gebraten. Der knackigfrische Spargel verträgt sich wunderbar mit den aromatischen Schwammerln. Und schnell zubereitet ist das Ganze auch noch.

Spargel-Schwammerl-Gröstl
12 Stangen weißer Spargel
2 Hand voll frische Pilze (z.B. Eierschwammerln, Morcheln, Steinpilze)
2 EL Olivenöl
4 EL Parmesan, frisch gerieben
Trüffelöl (je nach Anlass und Saison auch frische Trüffel)
Salz, Pfeffer

Spargel großzügig schälen, die holzigen Enden wegschneiden und schräg in 4 cm lange Stücke schneiden. Frische Schwammerln putzen und in mundgerechte Stücke schneiden. Olivenöl in einer Pfanne erhitzen, Spargelstücke und Schwammerln gut anrösten, und zwar so, dass der Spargel nicht zu roh, aber trotzdem noch schön knackig bleibt.

Salzen, pfeffern und auf Tellern anrichten. Den Parmesan darüberreiben und zuletzt mit ein paar Tropfen Trüffelöl verfeinern bzw. frische Trüffel darüberhobeln.

MEIN TIPP

Wenn ich Trüffel für einige Tage im Kühlschrank frisch halten will, lege ich sie zwischen zwei Stück Küchenrolle in eine Plastikschüssel. Besonders fein wird die Sache, wenn Sie auf die oberste Papierlage ein paar Tropfen Trüffelöl geben. Ein paar Worte zum Trüffelöl: Eine gute Wirtshausküche zeichnet sich auch durch eine gewisse Sparsamkeit aus. Verschwendung liegt uns nicht. Aber nie sollte am falschen Platz gespart werden. Ein so ein Fall ist das Trüffelöl. Für ein 250-ml-Fläschchen Trüffelöl muss man schon mit 15 Euro und mehr rechnen. Der intensive Geschmack und die sparsame Verwendung rechtfertigen den Preis aber allemal.

VINARIA-TIPP

Chardonnay Brunntal Wagramer Selektion, Weingut Kolkmann, Fels am Wagram

VARIATIONEN

Da sie wie Spargel ebenfalls im Frühjahr Saison haben, sind Morcheln für dieses Gericht besonders geeignet. Als Beilage passen Erdäpfelpüree natur oder Petersilerdäpfel sehr gut. Das Spargel-Schwammerl-Gröstl ist aber auch selbst eine raffinierte Beilage für ein Rindsfilet mit Gänseleber.

VARIATIONEN

Einfach und voller Pilzgeschmack: Bandnudeln in geschlagenem Obers und Steinpilzmehl schwenken. Das ergibt volles Pilzaroma. Steinpilzmehl: getrocknete Steinpilze in der Küchenmaschine feinst mahlen, sieben und gut verschlossen – sonst verflüchtigt sich das Aroma – aufbewahren.

Bandnudeln mit Früchten aus dem Wald

Beeren und Pilze – die Früchte des Waldes – spielen hier die Hauptrolle. Wenn Sie der Sache noch einen Extra-Kick verleihen wollen, dann hobeln Sie über das fertige Gericht noch frische Trüffel. Nichts für alle Tage, aber ein Hammer!

Bandnudeln
500 g Bandnudeln
2 EL Butter
1 kleine Zwiebel
1 Knoblauchzehe
1 Bund Petersilie
1 Hand voll gemischte Waldbeeren (Himbeeren, Heidelbeeren, Erdbeeren)
500 g Waldpilze (Eierschwammerl, Steinpilze, Trompetenpilze)
Parmesan
Salz, Pfeffer

Pilze putzen und wenn nötig in mundgerechte Stücke schneiden. Zwiebel, Petersilie und Knoblauch fein hacken. Pilze, Zwiebel und Knoblauch in Butter braten, anschließend die gehackte Petersilie dazugeben, salzen, pfeffern und ein paar Minuten weiterdünsten.

Die Nudeln bissfest kochen und abseihen. Zu den Pilzen geben und durchschwenken. Ganz zum Schluss (sie werden sonst zerdrückt) vorsichtig die Beeren unterheben, mit wenig Parmesan bestreuen und sofort servieren.

MEIN TIPP

Wenn Sie einmal Lust und Zeit haben, Ihre eigenen Nudeln zu machen, hier mein Nudelteig-Hausrezept: 400 g griffiges Mehl auf eine Arbeitsfläche geben, in der Mitte eine Mulde machen. 4 mittelgroße Eier hineinschlagen, 1 EL Öl dazu und von der Mitte weg auseinander kneten. 1 EL kaltes Wasser dazugeben und 10 Minuten kneten, bis der Teig glatt ist.

VINARIA-TIPP

Grüner Veltliner Privat, Weingut Martin Nigl, Senftenberg

Kohl-Lasagne

mit knusprigen Erdäpfelblättern

Oben auf der berühmten Sezession beim Wiener Naschmarkt thront eine schmiedeeiserne Kuppelverzierung: das „Goldene Krauthappel" (zu Hochdeutsch: der „Goldene Kohlkopf"). Ja, er hat's weit gebracht, der Kohl, und doch rümpft so manch einer über ihn die Nase. Das hat er sich nicht verdient, sag ich und habe deshalb eine Lasagne kreiert, die auch Skeptiker von diesem herrlich-würzigen Gemüse überzeugen soll.

Kohlfülle
1 kleiner Kohlkopf
1 EL Butter
1 EL Mehl
1 kleine Zwiebel
1 Knoblauchzehe
1 Bund Petersilie
Salz, Pfeffer

500 g Erdäpfelteig
(Rezept siehe Seite 190)
Öl zum Backen

3 EL geröstete
Sonnenblumenkerne

Kohlblätter ablösen und zu dicke Strünke entfernen. Die Blätter in feine Streifen schneiden und kurz in Salzwasser blanchieren. Das Kohlwasser aufheben. Klein geschnittene Zwiebel in Butter anrösten und mit Mehl eine leichte Einbrenn bereiten. Zerdrückten Knoblauch und gehackte Petersilie dazugeben. Mit dem Kohlwasser so lange aufgießen und rühren, bis eine sämige Soße entsteht. Die blanchierten und abgetropften Kohlstreifen dazugeben und alles ein paar Minuten verköcheln lassen. Mit Salz und Pfeffer würzen.

Den Erdäpfelteig dünn ausrollen und zu 16 Blätter oder Kreise schneiden. Blätter einzeln im heißen Öl knusprig backen.

Zum Anrichten Erdäpfelblätter und Kohlfülle im Wechsel schlichten. Den Abschluss bilden ein Erdäpfelblatt und die darübergestreuten Sonnenblumenkerne.

MEIN TIPP

In dieser Kombination mit den knusprigen Erdäpfelblättern kann man vielleicht auch Kindern den Kohl schmackhaft machen.

VINARIA-TIPP

Roter Veltliner Sonnseit´n, Weingut Toni Söllner, Gösing am Wagram

VARIATIONEN

Das Kohlgemüse allein schmeckt auch mit mitgekochten Erdäpfeln gut. Die Erdäpfelblätter können nach dem Backen mit Knoblauchöl bepinselt und so als Langos gegessen werden.

VARIATIONEN

Greifen Sie zu den braunen „Egerlingen", die haben einen intensiveren Pilzgeschmack als ihre weißen Verwandten. In der Schwammerlsaison gibt es für mich aber nur einen „König unter den Back-Pilzen", den Parasol.

Gebackene Champignons

mit Schnittlauchsoße

Gebackene Champignons mögen jetzt vielleicht für manchen nicht besonders originell klingen, aber sie haben zwei große Vorteile: sie sind altbewährt und gut. Deshalb werden sie auch immer einen Platz auf meiner Speisekarte haben. Für Sie ist dieses Rezept als kleine Anregung gedacht, sich wieder dieses Klassikers zu besinnen.

Gebackene Champignons
800 g frische Champignons
Saft von 1 Zitrone
Mehl, Ei, Brösel zum Panieren
Öl zum Backen
1 Zitrone
Salz

Schnittlauchsoße
4 EL Majonäse, selbst gemacht oder fertig gekauft
2 Bund Schnittlauch
1 Spritzer Zitronensaft
2 EL Sauerrahm

Champignons putzen und salzen. Mit Zitronensaft beträufeln, in Mehl, Ei und Brösel panieren und im heißen Öl schwimmend goldgelb backen. Auf Küchenpapier entfetten.

Für die Schnittlauchsoße Majonäse und Rahm verrühren und mit Zitronensaft würzen. Den fein geschnittenen Schnittlauch unterrühren.

Die gebackenen Champignons mit einer Zitronenspalte und der Schnittlauchsoße servieren. Als Beilage eignen sich ein gemischter Salat oder Salzerdäpfel.

MEIN TIPP

Eine Schnittlauchsoße muss ihren Namen wirklich verdienen. Deshalb sollten Sie dabei mit dem Schnittlauch keinesfalls sparen.

VINARIA-TIPP

Zierfandler Mandel-Höh, Weingut Johann Stadlmann, Traiskirchen

Geröstete Knödel

mit Blattsalat

Wenn vielleicht vom Schweinsbraten am Sonntag ein paar Erdäpfelknöderl übrig geblieben sind, dann nichts wie her mit gerösteten Knödeln! Wichtig ist, dass Sie die Knödel schön knusprig rösten. Das nenn' ich dann Restlverwertung vom Feinsten.

Knödel halbieren und blättrig schneiden. Knödelscheiben in Schmalz kräftig anrösten und salzen. Ei mit Obers und Salz verquirlen und über die Knödel gießen. Unter Rühren stocken lassen. Mit Blattsalat servieren.

Geröstete Knödel
8 Stück Erdäpfelknödel
(Rezept siehe Seite 190)
3 EL Schmalz
8 Eier
1/16 l Obers
Salz

VARIATIONEN

Mir schmecken Erdäpfelknödel als geröstete Knödel am besten, es eignen sich aber auch Semmel- oder Fleischknödel.

VINARIA-TIPP

Grüner Veltliner Erste Lage Weinviertel DAC, Weingut Johann Setzer, Hohenwarth

Topfennockerln
3 EL Butter
3 Eier
400 g Topfen, passiert
160 g Semmelbrösel
1 großer Bund Dille
Muskatnuss
Salz, Pfeffer

Käsesoße
1 EL Butter
1 EL Mehl
0,3 l Milch
80 g Weichkäse
1/8 l Obers

VARIATIONEN

Wenn´s schneller gehen soll, die Nockerln einfach statt auf Käsesoße mit brauner Butter und frisch geriebenem Parmesan anrichten.

VINARIA-TIPP

Riesling Bergterrassen Federspiel, Weingut Johann Donabaum, Spitz

Dille-Topfennockerln

mit Käsesoße

Nicht mit der Dille sparen, sie soll ruhig hervorschmecken!

Für die Nockerln weiche Butter und Eier schaumig rühren. Den passierten Topfen dazu und alles mit Semmelbrösel, geschnittener Dille, Salz, Pfeffer und Muskatnuss zu einer festen Masse verrühren. Die Nockerln mit Hilfe von zwei Esslöffeln – die immer wieder in kaltes Wasser getaucht werden – formen und in schwach wallendem Salzwasser sechs Minuten ziehen lassen.

Für die Käsesoße aus Butter und Mehl eine helle Einbrenn bereiten. Mit Milch unter ständigem Rühren zu einer leichten Béchamel verarbeiten. Den in kleine Stücke geschnittenen Käse dazugeben und mit einem Schuss Obers unter ständigem Rühren verköcheln lassen. Die Nockerln mit der Käsesoße überziehen. Dazu passt Blattspinat.

Brennnessel-Vollkornknödel

auf Paradeis-Blattspinat

Selch- und Grammelknödel gehören zu den Klassikern in meiner Wirtshausküche. Diese Vollkornknödel haben das Zeug dazu, zu einem jungen Klassiker zu werden.

Vollkornwürfel in Milch einweichen (ca. 30 Minuten). Fein geschnittene Zwiebel mit den blanchierten und gehackten Brennnesselblättern in Butter anschwitzen, zu den eingeweichten Vollkornwürfeln geben. Mit den Eiern, Dinkelmehl und Salz zu einem Teig vermischen. Knödel formen und im Salzwasser leicht wallend kochen (ca. 8 Minuten). Während die Knödel kochen, den Blattspinat kurz blanchieren. Kirschtomaten blanchieren und die Haut abziehen.

Blattspinat in heißer Butter schwenken, mit Salz, Pfeffer und Muskatnuss würzen. Obers dazugeben und die geschälten Kirschtomaten unterrühren. Kurz köcheln lassen (ca. 3 Minuten). Knödel auf Paradeis-Spinat anrichten, mit heißer Butter übergießen und mit geriebenem Parmesan bestreuen.

Vollkornknödel
750 g würfelig geschnittenes Vollkornbrot vom Vortag
ca. 1/8 l Milch
2 Hand voll Brennnesselblätter
1 kleine Zwiebel
2 EL Butter
4 Eier
1–2 EL Dinkelmehl
Salz

Paradeis-Blattspinat
1 kg Blattspinat
20 Kirschparadeiser
2 EL Butter
Muskatnuss
1/8 l Obers
Parmesan
Salz, Pfeffer

VINARIA-TIPP
Chardonnay & Ruländer, Weingut Fred Loimer, Langenlois

Gemüse-Burger
4 Vollkornlaibchen
frisches Gemüse nach Saison:
1 Karotte
4 kleine Zucchini
4 Stangen Spargel
1 kleiner Kohlrabi
2 EL Olivenöl
Salz, Pfeffer
4 Salatblätter zum Garnieren

Curryzwiebeln
Ca. 15 Stk. Schalotten
1 EL Zucker
1 EL Currypulver
2 EL Olivenöl
1 Schuss Weißweinessig
Gemüsesuppe
1 TL Schwarzkümmel

Schnittlauchsoße
8 EL Majonäse
4 EL Schnittlauchröllchen

VINARIA-TIPP

Zierfandler/Rotgipfler,
Weingut Hans Georg Hühnel,
Gumpoldskirchen

Gemüse-Burger

mit Curryzwiebeln und Schnittlauchsoße

Fleischlos, raffiniert und knackig. Mein Gegenstück zum Rindfleisch-Burger.

Karotte schälen, feinnudelig schneiden und blanchieren. Zucchini schräg in dünne Scheiben schneiden. Spargel schälen, die unteren 2 cm wegschneiden und schräg in Scheiben schneiden. Kohlrabi schälen und in möglichst dünne Scheiben schneiden. Öl in einer Pfanne erhitzen und das gesamte Gemüse scharf anrösten, dass es nicht mehr roh ist, aber trotzdem schön knackig bleibt. Vollkornlaibchen kurz aufbacken, aufschneiden und mit Salatblatt, zwei Esslöffeln Schnittlauchsoße und Röstgemüse füllen. Deckel wieder aufsetzen. Mit der Curryzwiebelsoße anrichten.

Für die Curryzwiebeln Öl in der Pfanne erhitzen, geschnittene Schalotten mit Zucker leicht karamellisieren. Suppe untergießen. Schwarzkümmel und Currypulver unterrühren. Einkochen, bis die Soße eine sämige Konsistenz hat. Mit einem Spritzer Weißweinessig, Salz und Pfeffer würzen.

HAUPTSPEISEN

VARIATIONEN

Probieren Sie zur Kalbsstelze auch einmal überbackene Gnocchi: Gnocchi in Salbeibutter schwenken, Parmesan darüberreiben und im Rohr kurz überbacken.

Geschmorte Kalbsstelze

mit Paradeisern und Kräutern mit Erdäpfel-Kürbiskernöl-Püree

Die Kalbsstelze ist ein feines und preiswertes Bratenstück. Bei uns wird sie in den Haushalten kaum mehr zubereitet. Und in den Wirtshäusern ist sie auch immer seltener zu finden. Schade, denn das zart-saftige Fleisch ist ein echter Leckerbissen.

Kalbsstelze
1 große oder
2 kleine Kalbsstelzen
2 EL Öl
1/2 l Rindssuppe
8 Paradeiser
8 Schalotten
4 Rosmarinzweige
4 Thymianzweige
2 EL Butter
12 Oliven
Salz

Erdäpfelpüree
8 Erdäpfel, mehlig
1/4 l Milch
2 EL Butter
Muskatnuss
1 EL Kürbiskernöl
2 EL Kürbiskerne, geröstet

Kalbsstelzen salzen und rundum in Öl anbraten. Stelzen ins Rohr geben und bei 180 Grad weiterbraten (ca. 1 Stunde). Dabei immer wieder mit Suppe übergießen. Die letzten 10 Minuten geschälte und in kleine Stücke geschnittene Paradeiser, Schalotten, Rosmarin, Thymian, Butter und entkernte Oliven dazugeben.

Für das Püree Milch und Butter erwärmen und die geschälten und gekochten Erdäpfel noch heiß hineinpressen. Durchrühren und mit Salz und Muskatnuss würzen.

Stelzen aus dem Saft nehmen und in Stücke schneiden. Mit dem Saft überziehen, Gemüsestücke dazulegen. Erdäpfelpüree mit ein paar Tropfen Kürbiskernöl beträufeln und mit gerösteten Kürbiskernen bestreuen.

MEIN TIPP

Sie können die Stelzen auch ausgelöst als Kalbsvögerl kaufen. Die Knochen eignen sich hervorragend für eine Einmachsuppe.

VINARIA-TIPP

St. Laurent Altenberg, Weingut Walter Glatzer, Göttlesbrunn

Kalbsfilet mit Nierndlscheiben

im Kapernsaft mit gepfefferten Bandnudeln

Kalbfleisch ist seit eh und je das Festtagsfleisch im Wirtshaus. Das feine, zarte Fleisch braucht allerdings immer ein wenig Aufmunterung, sonst wird's leicht langweilig. In diesem Fall sind es die gepfefferten Bandnudeln, die würzige Niere und vor allem das peppige Kapernsafterl, die dem Kalbsfilet das nötige Kontrastprogramm liefern.

Kalbsfilet
4 Kalbsfilets à 180 g
2 EL Pflanzenöl
1 Kalbsnierndl, küchenfertig
1 EL Kapern
1 EL Butter
1/8 l Rindssuppe
1 Schuss Obers
Salz, Pfeffer

500 g Bandnudeln
1 EL Butter zum Schwenken
Pfeffer aus der Mühle

Kalbsfilets auf beiden Seiten gut anbraten. Fleisch aus der Pfanne nehmen und das Fett abgießen. Butter in den Bratrückstand geben und aufschäumen. Mit Suppe aufgießen und klein geschnittene Kapern dazugeben. Das Fleisch wieder in die Pfanne legen und zugedeckt im Saft schmoren lassen (ca. 4 Minuten). Das Fleisch soll innen rosa sein.

Nierndl der Länge nach aufschneiden, die Fettstränge mit dem Messer entfernen und in Scheiben schneiden (ca. 1/2 cm dick). Die Nierndlscheiben in einer zweiten Pfanne im Öl beidseitig kurz anbraten, salzen und pfeffern. Zu den Kalbsfilets in den Saft legen und die letzten beiden Minuten der Garzeit mitschmoren.

Die bissfest gekochten Nudeln in heißer Butter schwenken, mit grobem Pfeffer aus der Mühle würzen und auf Tellern anrichten. Die Kalbsfilets quer in Medaillons schneiden und gemeinsam mit den Kalbsnierndlscheiben auf die Nudeln setzen. Das Kapernsafterl mit Obers vollenden, nochmals einkochen lassen und über die Medaillons ziehen.

MEIN TIPP

Nieren immer erst salzen, wenn sie gar sind. Sonst werden sie – ähnlich der Leber – hart.

VINARIA-TIPP

Grüner Veltliner Käferberg, Weingut Rudolf Rabl, Langenlois

VARIATIONEN

Kapern geben einen sehr kräftigen Geschmack. Wem der Kapernsaft zu intensiv ist, der kann stattdessen gebratene Pilze nehmen.

VARIATIONEN

Bereiten Sie die gefüllten Paprika nicht nur mit grünen, sondern auch mit gelben und roten Paprika zu. Schaut gut aus und schmeckt auch so. Statt der Paradeissoße können Sie die Paprika auch in Dillsoße braten. Gefüllte Paprika einmal fleischlos gefällig? Lesen Sie dazu das Rezept auf Seite 111!

Gefüllte Paprika

mit Paradeissoße und Rösti

Bei aller Kreativität heißt es in der Wirtshausküche immer wieder auch zurück zu den Wurzeln. Die gefüllten Paprika sind ein Beispiel für unspektakuläre Wirtshauskost, die ihre Wirkung gerade durch die Einfachheit und die perfekte Kombination der Zutaten erzielt. Nehmen Sie verschiedenfarbige und vor allem kleine Paprika. So wird's auch zum Augenschmaus.

Gefüllte Paprika
8 kleine Paprika
350 g gemischtes Faschiertes
(200 g Schwein und
150 g Kalb)
150 g Reis
1 EL Butter
1 Zwiebel
1 EL gehackte Petersilie
1/16 l Rindssuppe
Butter für die Auflaufform
Salz, Pfeffer

Paradeissoße
1 kg vollreife Paradeiser
1 kleine Zwiebel
1 EL Öl
2 EL Zucker
1/4 l Gemüsesuppe
1 Schuss Weißwein
1 Schuss Essig
Saft von 1/2 Zitrone
2 EL Ketchup
Salz

Erdäpfel-Rösti
8 Erdäpfel
(mehlig, kernig gekocht)
1/2 Zwiebel
1 EL Schmalz
Salz

Für die Paradeissoße die klein geschnittene Zwiebel im Öl anrösten, Zucker und klein geschnittene Paradeiser dazugeben. Mit Suppe aufgießen und mit Weißwein, Essig, Zitrone, Ketchup und Salz würzen. Köcheln lassen (ca. 10 Minuten) und danach mit dem Stabmixer pürieren. Wer's feiner mag, streicht die Soße noch durch ein Sieb.

Reis in Salzwasser kochen. Petersilie hacken, mit der klein geschnittenen Zwiebel in Butter anlaufen lassen und unter das Faschierte mischen. Mit Salz und Pfeffer würzen und den Reis dazugeben.

Von den Paprika die Kappe abschneiden und die Kerne entfernen. Fülle aus Reis und Faschiertem in den Paprika streichen und den Paprikadeckel wieder draufsetzen.

Eine feuerfeste Form mit Butter befetten, gefüllte Paprika hineinsetzen. Mit der Suppe untergießen und im Rohr bei 180 Grad braten (ca. 40 Minuten).

Für das Rösti klein geschnittene Zwiebel im Schmalz anrösten. Die grob gerissenen Erdäpfel dazugeben und weiterrösten, salzen.

Gefüllte Paprika und Rösti auf Tellern anrichten, mit der Paradeissoße umgießen.

MEIN TIPP

Ich gebe auch gerne noch ein paar Schalotten in die Form und lasse sie im Rohr mitbraten. Das macht einen feinen Geschmack und sieht gut aus.

VINARIA-TIPP

Gemischter Satz, Weingut Josef Salomon, Falkenstein

Kalbsrahmgulasch

mit Butterspatzerln

Gulasch, einmal nicht so deftig, sondern in seiner „edleren Form“ mit Kalbfleisch. Verwenden Sie dafür Fleisch von der Kalbsschulter, es ist saftig und zart. Auch hier verwende ich – wie bei so manchem guten alten Wirtshausgericht – Schweineschmalz zum Anbraten. Es macht die Sache einfach noch gschmackiger.

Rahmgulasch
800 g Gulaschfleisch vom Kalb (von der Schulter)
2 Zwiebeln
2 EL Schmalz
2 Zehen Knoblauch
3 EL Paprikapulver, edelsüß
1 1/2 l Rindssuppe
2 EL Mehl
1 Spritzer Zitronensaft
1 Becher Sauerrahm
Salz

Butterspatzerln
100 g Butter
500 g Mehl
4 Eier
ca. 1/8 l – 1/4 l Milch

Fein geschnittene Zwiebeln im Schmalz goldgelb rösten, fein gehackte Knoblauchzehen und Paprikapulver dazugeben, kurz durchrösten. Mit Suppe aufgießen, aufkochen, Fleisch dazugeben und köcheln lassen (ca. 50 Minuten). Bei Bedarf Suppe nachgießen. Sauerrahm mit Mehl und Zitronensaft glatt rühren, in den Gulaschsaft rühren und verkochen lassen.

Für die Butterspatzerln Butter zerlassen und mit dem Mehl in eine Schüssel geben. Eier, Milch und Salz dazu und alles zu einem geschmeidigen Nockerlteig verarbeiten. Kleine Teigstücke mit einer Teigkarte oder einem Messer von einem Brett in heißes Salzwasser schaben (oder Nockerlsieb verwenden). Aufkochen lassen, bis die Nockerln an die Oberfläche kommen. Abschöpfen, kurz abschrecken und warm stellen.

Kalbsrahmgulasch mit den Nockerln und einem Löffel Sauerrahm anrichten.

MEIN TIPP

Machen Sie ruhig etwas mehr Nockerln und servieren Sie am nächsten Tag köstliche Eiernockerln mit grünem Salat.

VINARIA-TIPP

Grüner Veltliner Mühlpoint Federspiel, Weingut Leo Alzinger, Unterloiben

VARIATIONEN

Wie wär´s mit einem Paprikahendl? Dazu das Gulaschfleisch durch Hühnerfleisch ersetzen. Ein großes oder zwei kleine Hühner in jeweils 8 Teile schneiden, enthäuten und in der Soße weich kochen.

Kalbsbutterschnitzerl

mit Kohlrabigemüse

Sie werden's nicht glauben: Das gute alte Kalbsbutterschnitzerl wird in meinem Wirtshaus mehr und mehr auch von jungen Menschen verlangt. Traditionelles erlebt halt eine Renaissance – und Faschiertes Kalbsbutterschnitzerl mit Kohlrabigemüse gehört wahrlich zu den Klassikern der Wirtshausküche.

Butterschnitzerl
400 g Kalbfleisch, faschiert
2 Semmeln
ca. 1/8 l Milch zum Einweichen
Muskatnuss
1/16 l Obers
2 Eidotter
2 EL Butter zum Braten
1/4 l Suppe
ein Spritzer Zitronensaft
Salz

Kohlrabigemüse
4 kleine Kohlrabi
(Blätter aufheben)
1 EL Butter
1 EL Mehl
1 Zwiebel
1/2 l Wasser
1 TL Zucker
Muskatnuss
1/16 l Obers, geschlagen
Salz, weißer Pfeffer

Semmeln in Milch einweichen, gut ausdrücken und mit dem Kalbsfaschierten vermischen. Muskatnuss, Obers, Dotter und Salz unterrühren. Aus der Masse acht ovale, flache Laibchen formen. Kühl stellen.

Kohlrabi großzügig schälen damit keine Reste der holzigen Schale übrig bleiben, halbieren und in dünne Scheiben schneiden. Kohlrabischeiben in Salzwasser kurz kochen (ca. 2 Minuten), bis sie fast weich sind. Einige Kohlrabiblätter fein schneiden und mitkochen. Abseihen und den Sud aufheben.

Laibchen in Butter auf beiden Seiten goldgelb braten. Herausnehmen und warm stellen. Bratrückstand mit Suppe aufgießen und einkochen. Die Soße mit Zitronensaft und Salz abschmecken und beim Anrichten über die Butterschnitzerl ziehen.

Klein geschnittene Zwiebel in Butter anschwitzen, Zucker dazugeben, mit Mehl stauben und hell rösten. Mit Kohlrabisud aufgießen und durchrühren, bis eine sämige Soße entsteht. Würzen und die Kohlrabischeiben dazugeben. Mit Obers verfeinern und zu den Kalbsbutterschnitzerln servieren.

MEIN TIPP

Werfen Sie beim Kohlrabi die frischen, zarten Blättchen nicht weg. Einfach kurz blanchieren, fein schneiden oder klein hacken und zum Kohlrabigemüse geben. Die Blätter enthalten nämlich mehr Vitamine und Mineralstoffe als die Knolle.

VINARIA-TIPP

Weißer Burgunder Gaisberg, Bio-Weingut Geyerhof, Ilse Maier, Oberfucha

VARIATIONEN

Weitere klassische Beilagen sind Erdäpfelpüree (Rezept Seite 129), Erbsen oder Reis.

VARIATIONEN

Statt der Bandnudeln macht sich als Beilage auch ein Erdäpfelpüree (Rezept Seite 129) sehr fein.

Rindsfilet mit Gänseleber

in Trüffelbutter mit Steinpilznudeln

Dieses Gericht habe ich schon so lange auf meiner Speisekarte, dass ich gar nicht mehr weiß, wann ich damit angefangen habe. Aber eines weiß ich sicher: Aufhören darf ich nicht. Denn immer, wenn dieses Rindsfilet einmal kurz nicht auf der Karte stand, gab's Proteste der Gäste. Ich kann's verstehen, weil diese Kombination aus Rindfleisch mit Gänseleber und Trüffelbutter ist auch genau meins.

Trüffelbutter
125 g Butter
1 TL Trüffelöl
Saft von 1/2 Zitrone
1 kleine Trüffel
Salz, Pfeffer

Rindsfilet
4 Stück Rindsfilet
(je 180 bis 200 g)
4 Scheiben Gänseleber
1 EL Pflanzenöl
1/16 l Rotwein
Parmesan

Steinpilznudeln
500 g Bandnudeln
300 g Steinpilze
1 EL Butter
1 EL Petersilie, gehackt
Salz, Pfeffer

1 Trüffel

Für die Trüffelbutter Butter schaumig rühren, Trüffelöl dazugeben, mit Zitrone, Salz und Pfeffer würzen. Trüffel fein hobeln und vorsichtig einarbeiten.

Die Rindsfilets beidseitig scharf anbraten. Salzen, pfeffern und die Trüffelbutter auf dem Fleisch verteilen. Mit Rotwein aufgießen und zugedeckt ziehen lassen (ca. 4 Minuten). Die Filets herausnehmen und warm stellen. Den Saft einkochen lassen.

In einer zweiten Pfanne die Gänseleber in Öl braten, salzen, pfeffern und warm stellen.

Nudeln bissfest kochen. Steinpilze in Scheiben schneiden und in Butter anbraten. Nudeln und Petersilie dazugeben und durchschwenken.

Gänseleberscheiben auf die Filets setzen, mit Saft überziehen und mit den Nudeln servieren. Frische Trüffel darüberhobeln.

MEIN TIPP

Versuchen Sie auch einmal frische Bandnudeln mit Trüffelbutter. Ein einfaches, aber luxuriöses Gericht.

VINARIA-TIPP

Cuvée Alpha, Weingut Karl Alphart, Traiskirchen

Schweinsschopfbraten mit Erdäpfelknödeln

und warmem Krautsalat

Offen gesagt: Bei diesem Schweinsbraten bin ich wohl den meisten Leserinnen und Lesern gegenüber im Vorteil. Denn ich hab, was wohl kaum einer zu Hause hat: einen Schamott-Ofen, mit dem bereits meine Großeltern in der Wirtshausküche herrlichen Schweinsbraten herbeigezaubert haben. Ich hab diesen Wirtshausklassiker übrigens auch schon einmal im Heißluftherd zubereitet – kein Vergleich!

Schweinsbraten
1 Schopfbraten (ca. 1,5 kg)
5 EL Schmalz
4 Knoblauchzehen
1 EL Kümmel
1 Rosmarinzweig
3/4 l Suppe
1 EL Mehl
Salz

Erdäpfelknödel
Rezept Seite 190

Krautsalat
Rezept Seite 157

Backrohr auf 220 Grad vorheizen. Fleisch mit gepresstem Knoblauch, Kümmel und Salz einreiben. Schmalz und Fleisch in eine große feuerfeste Pfanne geben und im Rohr 45 Minuten bei 220 Grad vorbraten. Anschließend den Rosmarinzweig dazugeben und 1 bis 1,5 Stunden bei 170 Grad fertig braten. Immer wieder mit Suppe übergießen.

Aus dem Erdäpfelteig Knödel formen und ca. 15 Minuten schwach wallend kochen lassen.

Fleisch aus der Pfanne nehmen und warm stellen. Mehl mit einem Schneebesen in den Saft rühren. Nochmals aufköcheln lassen. Den Braten in Scheiben schneiden, mit Saft überziehen und mit Knödel und Krautsalat servieren.

MEIN TIPP

Beim Schweinsbraten kommt für mich nur der Schopf in Frage. Er macht den Schweinsbraten genau so saftig, wie er sein soll. Und noch was: Wer 5 EL Schmalz für etwas üppig hält, der sollte wissen, dass ich am liebsten 6 empfohlen hätte. Beim Schweinsbraten soll man nämlich nicht mit Fett sparen. Er ist diese Sünde wert. Nehmen Sie auch ruhig ein größeres Stück Fleisch, was übrig bleibt, schmeckt kalt mit Senf und Kren ganz wunderbar.

VINARIA-TIPP

Grüner Veltliner Veltlinsky, Weingut Graf Hardegg, Seefeld-Kadolz, oder ein Glas Bier

VARIATIONEN

Natürlich würde mir hier die eine oder andere Abwandlung einfallen, ich werde mich aber hüten, irgendwelche Tipps zu geben. Denn es gibt Dinge, an denen man nicht rütteln sollte. Das Schweinsbratenrezept gehört dazu.

VARIATIONEN

Dünsten Sie mit der Zwiebel zwei geschälte, gewürfelte Paradeiser mit. Dann haben Sie ein Paradeiser-Kohlrabigemüse als Beilage.

Kalbsmedaillons in Kürbiskernkruste

mit Petersil-Kohlrabigemüse

Kalbfleisch braucht immer den gewissen zusätzlichen Kick, damit es meine Geschmacksnerven reizt. In diesem Fall ist es die Kürbiskernkruste, die dem zarten Fleisch eine bissige Note verleiht. Das sämige Kohlrabigemüse gibt dem Ganzen noch einen feinen Rahmen.

Medaillons
800 g Kalbslungenbraten

Kruste
1 kleine Zwiebel
40 g Speck
1 TL Öl
1 1/2 EL Brösel
120 g Kürbiskerne, gehackt
1–2 Eiklar

Salz, Pfeffer
Öl zum Braten
1 EL Butter
1/8 l Suppe zum Aufgießen

Kohlrabigemüse
4 kleine Kohlrabi
(Blätter aufheben)
1 EL Butter
1 EL Mehl
1 Zwiebel
1/2 l Wasser
1 TL Zucker
Muskatnuss
weißer Pfeffer
1/16 l Obers
1 Bund Petersilie
Salz

Lungenbraten in gut daumendicke Medaillons schneiden, salzen, pfeffern und auf beiden Seiten im Öl rasch anbraten. Für die Kruste Zwiebel und Speck klein schneiden und anrösten. Etwas überkühlen lassen und die gehackten Kürbiskerne, Eiklar und Brösel untermengen. Mit Salz und Pfeffer würzen.

Kürbismasse dick auf die Medaillons streichen und in der Pfanne im Rohr bei 200 Grad gratinieren (ca. 3–4 Minuten).

Die Medaillons vorsichtig aus der Pfanne heben und warm stellen. Das Bratfett abgießen, Butter im Bratrückstand aufschäumen, mit Suppe aufgießen und einkochen lassen.

Kohlrabi schälen, vierteln und in dünne Scheiben schneiden. Kohlrabischeiben in Salzwasser kurz kochen (ca. 2 Minuten), bis sie fast weich sind. Einige Kohlrabiblätter fein schneiden und mitkochen. Abseihen und den Sud aufheben. Klein geschnittene Zwiebel in Butter anschwitzen, Zucker dazugeben, mit Mehl stauben und hell rösten. Mit Kohlrabisud aufgießen und durchrühren, bis eine sämige Soße entsteht. Würzen und die Kohlrabischeiben dazugeben. Mit leicht geschlagenem Obers und fein geschnittener Petersilie vollenden.

Die Medaillons auf dem Kohlrabigemüse anrichten und mit dem Bratsaft umgießen.

VINARIA-TIPP

Grüner Veltliner Kellerberg Smaragd, Weingut F. X. Pichler, Oberloiben

Rindfleisch-Zwiebelstrudel

mit Marillen-Paprikaröster

Fleisch mit Früchten zu kombinieren ist seit jeher Bestandteil meiner Wirtshausküche. Also lag es nahe, dass ich auch für die Marille nach neuen Einsatzmöglichkeiten in diese Richtung suchte. Marillen-Käsekrusten, Wild mit Marillensoße, Garnelen mit Marille oder Ragouts mit Marille waren Ergebnisse dieser Suche – und der folgende Marillen-Paprikaröster, der herrlich zu pikantem Fleisch passt ...

Rindfleischstrudel
2 Blatt Strudelteig (fertig gekauft)
2 Zwiebeln
2 EL Schmalz
500 g faschiertes Rindfleisch
1 EL Semmelbrösel
2 EL Sauerrahm
2 EL Petersilie, gehackt
1/2 TL Majoran
1/2 TL Thymian
1 Messerspitze gestoßener Kümmel
1 Ei
1 EL Sonnenblumenkerne
Salz, Pfeffer

Marillen-Paprikaröster
1 grüner Paprika
1 gelber Paprika
1 roter Paprika
1/2 Zwiebel
500 g Marillen
1 EL Öl
4 EL Zucker
1/8 l Weißwein
1 Lorbeerblatt
1 Schuss Weißweinessig
2 EL Marillenmarmelade
Salz

Fein geschnittene Zwiebel in Schmalz anschwitzen. Das Faschierte mitrösten, bis der Fleischsaft verdunstet ist. Brösel und Sauerrahm untermischen und mit Petersilie, Majoran, Thymian, Kümmel, Salz und Pfeffer würzen.

Den Strudelteig auflegen und die Fleischmasse darauf verteilen. Einrollen und mit verquirltem Ei bestreichen. Gehackte Sonnenblumenkerne darüberstreuen und im Rohr bei 180 Grad backen (ca. 20 Minuten).

Für den Röster Paprika halbieren, entkernen und in Streifen schneiden. Mit der nudelig geschnittenen Zwiebel in Öl anschwitzen. Den Zucker dazugeben, schmelzen lassen und alles mit Weißwein ablöschen. Entkernte und in Stücke geschnittene Marillen und das Lorbeerblatt dazugeben. Mit Salz würzen und mit Essig und Marillenmarmelade abschmecken. Alles gut verköcheln lassen.

Strudelscheiben mit Marillen-Paprikaröster anrichten.

Wenn's üppiger sein soll, servieren Sie noch in Scheiben geschnittene Saumaisen und Grammeltascherln dazu.

MEIN TIPP

Der Marillen-Paprikaröster eignet sich sehr gut für die Vorratskammer. Machen Sie einfach die doppelte Menge und füllen Sie ihn noch heiß in gut verschließbare Gläser. Wenn keine frischen Marillen zur Hand sind, nehmen Sie einfach mehr Marillenmarmelade.

VINARIA-TIPP

Cuvée Trio Smaragd, Weingut Wolfgang Bäuerl, Oberloiben

VARIATIONEN

Machen Sie's wie die Steirer: Marinieren Sie den warmen Strudel mit lauwarmem Kernöl, das Sie vorher mit einem Schuss Rotweinessig verrührt haben. Dazu geröstete Kürbiskerne und Vogerlsalat. Auf diesem Foto sehen Sie übrigens auch, dass ich den Rindfleisch-Zwiebelstrudel zu besonderen Anlässen gern zu einem herzhaft-deftigen Festessen erweitere. Dann gibt's zum Strudel noch Saumaisen und GrammeltascherIn dazu. Je nach Lust und Appetit kann man dann auswählen ... oder sich gleich für alle drei Köstlichkeiten entscheiden!

VARIATIONEN

Wenn man im Zwiebelrostbraten noch reichlich fein gehackten Knoblauch mitdünstet oder das Fleisch kräftig mit Knoblauch einreibt, wird daraus der Vanillerostbraten. Knoblauch wurde früher nämlich oft spöttisch als „Vanille des kleinen Mannes" bezeichnet.

Zwiebelrostbraten

mit gebratenen Erdäpfelscheiben

Ein Wirtshausklassiker aus der Wiener Küche, der in unserem Haus seit mehr als 100 Jahren serviert wird. Für mich ist ein Zwiebelrostbraten dann perfekt, wenn er innen noch zartrosa ist.

Zwiebelrostbraten
4 Zwiebeln
4 Scheiben Rostbraten
(à 180 g, marmoriert,
gut fingerdick geschnitten)
2 EL Mehl
1 EL Schmalz
1/8 l Rindssuppe

Erdäpfelscheiben
8 Erdäpfel, gekocht und
geschält
2 EL Pflanzenöl
Salz, Pfeffer

Zwiebeln nudelig schneiden und im Schmalz anrösten. Rostbratenstücke vorsichtig klopfen (er darf nicht zu dünn werden!) und die Ränder einschneiden. Salzen und auf einer Seite in Mehl tauchen. Mit der Mehlseite nach unten im Schmalz anbraten. Fleisch umdrehen und die gerösteten Zwiebeln drauflegen. Alles mit Suppe untergießen und zugedeckt dünsten lassen (ca. 5 Minuten).

Erdäpfel in dicke Scheiben schneiden und im Öl scharf anbraten. Auf Küchenpapier entfetten und salzen.

Das Fleisch mit den Erdäpfelscheiben anrichten und mit dem Schmorsaft umgießen.

MEIN TIPP

Recht schön machen sich auch gebackene Zwiebelringe auf dem Rostbraten. Dazu eine große Zwiebel in Ringe schneiden, in Mehl wenden und in 1/2 l Pflanzenöl goldgelb backen. Ganz zum Schluss auf den fertigen Rostbraten legen.

VINARIA-TIPP

Pinot Noir Reserve, Weingut Gerhard Markowitsch, Göttlesbrunn

Gerollter Rostbraten

mit Semmelfülle und Kohlrabi-Bandnudeln

Das Gelingen dieser Speise steht und fällt mit der Qualität des Fleisches. Es muss gut marmoriert, also mit dünnen, weißen Fettlinien durchzogen sein. Es soll gut abgelegen sein und eine recht dunkle Farbe aufweisen. Zart gekocht, in Verbindung mit einer molligen Soße, ergibt das ein Gericht, das nach Wirtshaus am Sonntag schmeckt.

Semmelfülle
1 Hand voll frischer Blattspinat
100 g Emmentaler
2 Semmeln, kleinwürfelig geschnitten
ca. 4 EL Milch
1 Ei
30 g Parmesan, frisch gerieben
Muskatnuss
Salz, Pfeffer

Rostbraten
4 Stk. Rostbraten
1 EL Öl
1 EL Butter
1 Becher Sauerrahm
1/2 l Rindssuppe
1 kräftiger Spritzer Zitronensaft
Salz, Pfeffer

Kohlrabi-Bandnudeln
1 Kohlrabi (Kohlrabiblätter und den Kochsud aufheben)
200 g Bandnudeln (oder Spaghetti oder ähnliche Teigwaren)
2 EL Butter
3 EL Mehl
1 Prise Zucker
1 Knoblauchzehe
2 EL Obers
Salz, Pfeffer

Für die Fülle den Blattspinat in Streifen schneiden. Emmentaler grob raspeln und mit Semmelwürfeln, Milch, Ei und Parmesan gut vermischen. Mit Muskatnuss, Salz und Pfeffer würzen. Rostbraten dünn klopfen und am Rand etwas einschneiden. Die Fülle aufstreichen, rollen und mit einem Holzspieß fixieren.

Rouladen salzen, pfeffern und im Öl rundum rasch anbraten. Aus der Pfanne nehmen und warm stellen. Den Bratrückstand mit Butter aufschäumen, mit dem Mehl stauben und durchrösten. Mit Suppe aufgießen, gut verkochen lassen und mit Zitronensaft abschmecken. Die Rouladen zurück in die Soße legen und ca. 20 Minuten weich dünsten. Am Schluss den Sauerrahm glatt rühren und unter die Soße ziehen.

In der Zwischenzeit die Kohlrabi-Bandnudeln zubereiten: Kohlrabi in feine Streifen schneiden und kurz im Salzwasser kochen. Die Streifen sollen bissfest bleiben. Butter in einem Topf aufschäumen, Mehl und Zucker dazugeben, mit etwas Kohlrabiwasser aufgießen. Mit Salz, Pfeffer und zerdrücktem Knoblauch würzen, gut verköcheln lassen. Kohlrabistreifen, gekochte Bandnudeln und fein geschnittene Kohlrabiblätter beimengen und mit Obers verfeinern.

Die Rouladen schräg in der Mitte auseinander schneiden und mit der Schnittfläche nach oben auf die Kohlrabi-Bandnudeln setzen. Soße um die Nudeln gießen.

VINARIA-TIPP
Grüner Veltliner Loibenberg Smaragd, Weingut Emmerich Knoll, Unterloiben

VARIATIONEN

Ganz pikant und ein bisschen deftiger wird die Fülle, wenn Sie den Spinat durch geröstete Schinken- oder Speckwürferl ersetzen.

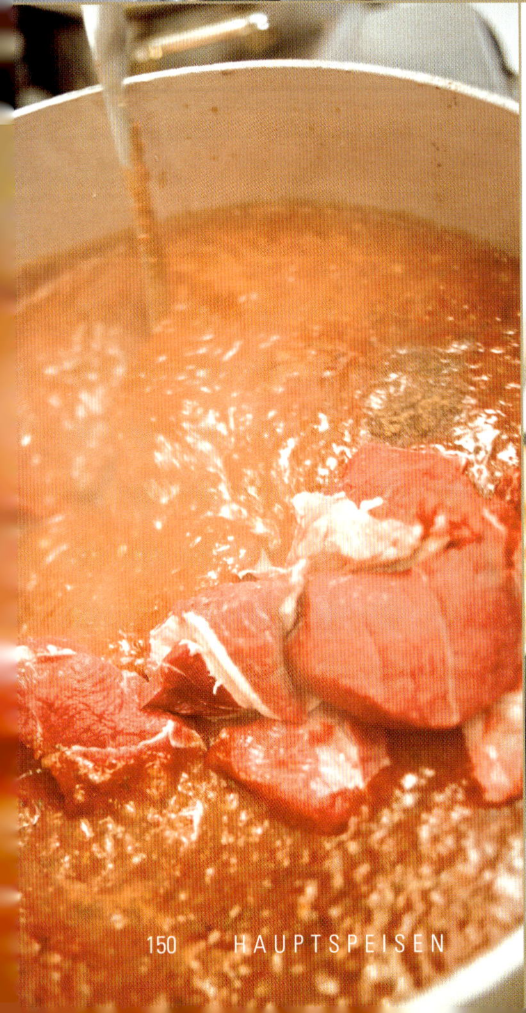

VARIATIONEN

Das Gulasch ist einer meiner Klassiker, da wird bei der Zubereitung nichts abgewandelt. Spiegelei, Essiggurkerl und Frankfurter Würstel kann man – aber bitte nur im Trio – weglassen.

Mein Gulasch

Ich kann mich noch gut an manche Vormittage meiner Kindheit erinnern, als einige Kremser Geschäftsleute um ein kleines Gulasch als Gabelfrühstück ins Wirtshaus meiner Mutter kamen. Aus diesem „Frühstück" wurde oft mal zunächst ein Mittagessen und dann ein Nachmittagsimbiss. Ich bin überzeugt, dass „Mein Gulasch" (Oma nannte es „Mein Gulasch", Mutti nannte es so, und ich tu das auch!) der Auslöser für diesen langen Aufenthalt war. Dabei kocht es sich doch ganz von allein ...

Gulasch
1 kg Gulaschfleisch vom Wadschinken
1 kg Zwiebel
1 l Rindssuppe
5 EL Schweineschmalz
5 EL Paprikapulver, edelsüß
1 Knoblauchzehe
1 EL Majoran
1 EL Thymian
1 EL Kümmel, gehackt
1 TL Rosmarin
Salz, Pfeffer

2 Paar Frankfurter Würstel
4 Eier
Essiggurkerln

Zwiebeln in Viertel schneiden und faschieren. Im Schmalz goldgelb rösten. Paprikapulver dazugeben, ganz kurz durchrösten und mit Suppe aufgießen.

Das in ca. 4 cm große Würfel geschnittene Fleisch und die Gewürze dazugeben und zugedeckt köcheln lassen (mindestens 60–90 Minuten). Nach Bedarf mit Suppe aufgießen, sodass das Fleisch immer bedeckt bleibt.

Mit gekochtem Frankfurter Würstel, Essiggurkerln und Spiegelei servieren.

MEIN TIPP

Ich faschiere die Zwiebeln für das Gulasch immer. Natürlich kann man sie auch klein geschnitten anrösten, das Faschieren hat aber eine tolle Wirkung: Es macht den Gulaschsaft von Anfang an „molliger" und spart dadurch das Mehl, das man sonst zum Binden bräuchte.

VINARIA-TIPP

Ein rassiger G'spritzter
oder noch besser: ein Glas (Weizen)Bier

Freilandhendlhaxerln in Weißweinsud

mit Rahmnockerln

Das ist der berühmte „Coque au vin" auf meine Art. Statt Rahmnockerln eignen sich auch „saftschluckende" Nudeln oder Nockerln als Beilage.

Hendlhaxerln
4 Hühnerhaxerln
2 Karotten
1 Petersilwurzel
1/2 Stangensellerie
1 kleine Zwiebel
3 Knoblauchzehen
2 Lorbeerblätter
2 Thymianzweige
5 Pfefferkörner
0,7 l Veltliner

2 EL Butter
2 EL Mehl
1/2 l Gemüsesuppe
8 Scheiben Speck
250 g kleine Champignons

Nockerln
300 g Mehl, glatt
1 Ei
1 Becher Sauerrahm

Karotten, Petersilwurzel, Stangensellerie und Zwiebel in feine Streifen schneiden, Knoblauch hacken. Alles in einen Topf geben. Lorbeerblätter, Thymianzweige und Pfefferkörner dazugeben und mit dem Veltliner aufgießen.

Haxerln enthäuten und über Nacht oder einige Stunden im Weißwein-Gemüsesud beizen, dabei kühl stellen. Haxerln herausnehmen, abtupfen, Lorbeerblätter und Thymianzweige aus der Beize nehmen.

Die Hendlhaxerln in Butter beidseitig goldgelb anbraten und aus der Pfanne nehmen. Butter im Bratrückstand zerlassen und das abgeschöpfte Gemüse aus dem Weinsud dazugeben. Mit Mehl stauben, kurz durchrösten, mit der Weinbeize ablöschen und der Suppe aufgießen. Gut verköcheln lassen (ca. 30 Minuten).

Hendlhaxerln in die Soße legen und weitere 20 Minuten schmoren. Champignons mit fein geschnittenem Speck anrösten und zur Soße geben.

Für die Rahmnockerln alle Zutaten zu einem geschmeidigen Teig rühren. Danach die Nockerln mit einem Suppenlöffel vorsichtig in kochendes Wasser einlegen und ziehen lassen, bis die Nockerln an der Oberfläche schwimmen (ca. 5 Minuten).

Haxerln mit Nockerln anrichten und mit Weißwein-Gemüsesoße überziehen.

VINARIA-TIPP
Grüner Veltliner Fass 4, Weingut Bernhard Ott, Feuersbrunn

VARIATIONEN

Eine cremige Polenta, Sellerie- oder Erdäpfelpüree (Rezept Seite 129) sind ebenfalls köstliche Begleiter zum Hendl. Oder einfach und schnell: frisches Weißbrot.

VARIATIONEN

Die Grießknödel eignen sich auch als herzhafte Hauptspeise mit Salat, wenn man in die Knödelmasse gerösteten Speck und Zwiebel oder Käse gibt.

Gebratenes Gansl

mit Grießknödel und warmem Krautsalat

Wenn sich im Wirtshaus meiner Eltern der Gansldunft durchs ganze Haus zog, dann wusste ich: Jetzt ist Weihnachten nicht mehr weit. Heute verbinde ich den Duft nach frisch gebratenen Gänsen auch mit der Freude auf den ersten „Staubigen“, dem neuen, noch nicht fertig vergorenen Wein, der wunderbar zum Gansl passt. Bei der Qualität der Gänse sollten Sie keine Kompromisse eingehen und genau wissen, woher Ihr Gansl kommt und wie es gehalten wurde. Ich werde in der Ganslzeit zweimal pro Woche von Josef Ledermüller aus dem Waldviertel beliefert. Seine Gansln sind gesund, natürlich aufgezogen und nicht zu fett.

Gansl
1 Gansl (ca. 4 kg)
2 säuerliche Äpfel
2 EL Majoran
1 EL Salz

Grießknödel
1 l Milch
240 g Grieß
4 EL Ganslfett vom Braten
4 Eier
6 EL Semmelwürfel
Muskatnuss
Salz

Krautsalat
1 Kopf Weißkraut
1/16 l Wasser
1/8 l Weißwein
2 EL scharfer Essig
(z.B. Weinessig)
1 Zwiebel
1 TL Kümmel
1 EL Kristallzucker
8 Scheiben Selchspeck
Salz

Backrohr auf 170 Grad vorheizen. Das Gansl mit zwei ganzen Äpfeln füllen und nur innen mit Salz und reichlich Majoran würzen. Gansl zuerst mit der Brustseite nach unten in das Backrohr legen und pro Seite je 60 Minuten braten. Dabei immer wieder das Fett abschöpfen (für die Grießknödel aufheben) und mit Wasser übergießen. Temperatur auf 150 Grad reduzieren und die Gans 30–60 Minuten fertig braten.

Für die Grießknödel Milch, 2 EL Ganslfett und Salz zum Kochen bringen. Grieß einrühren und „leise“ kochen, bis ein dicker Brei entsteht. Etwas nachziehen lassen und beiseite stellen. Semmelwürfel in 2 EL Ganslfett anrösten und mit den Eiern in die abgekühlte Grießmasse rühren. Salzen und mit nassen Händen ca. 8 Knödel formen. In Salzwasser kochen (10–15 Minuten).

Weißkraut fein hobeln. Wasser, Wein, Essig, fein geschnittene Zwiebel, Kümmel, Salz und Zucker aufkochen. Kraut beigeben, aufkochen und in der heißen Marinade ziehen lassen. Selchspeck in kurze dünne Streifen schneiden und anbraten. Mit dem Bratfett über den Krautsalat gießen.

Gansl auf ein Brett legen und in zwei Hälften schneiden. Die Äpfel herausnehmen und mit der „Flotten Lotte“ in den Bratensaft passieren. Die beiden Hälften mit der Geflügelschere in Portionsstücke teilen. Den Saft einköcheln lassen. Gansl mit Knödel und warmem Krautsalat servieren.

MEIN TIPP

Ein Gansl muss lange braten, darf aber nicht austrocknen. Als Faustregel kann man mit 45 Minuten Bratzeit pro Kilogramm rechnen. Für den guten Geschmack sind auch moderate Ofentemperaturen (170 bzw. 150 Grad) und ständiges Untergießen mitentscheidend.

VINARIA-TIPP

Ignis, Weingut Josef Ehmoser, Tiefenthal

Saltimbocca vom Hendlbrüstl

mit Perlweizen-Spargel-Risotto

Eine Abwandlung des klassischen Saltimbocca, das ja mit Kalbsschnitzel gemacht wird: Das Huhn bekommt durch Roquefort und Salbei den richtigen Pfiff. Der Perlweizen als Beilage ist eine herrliche Alternative zu Nudeln und Reis.

Saltimbocca
4 Hühnerbrustfilets
8 Scheiben Gewürzrohschinken
1 EL Olivenöl
1 EL Butter
1/8 l Weißwein
1/8 l Rindssuppe
16 Salbeiblätter
2 EL Roquefort

Risotto
250 g Perlweizen
8 Spargelstangen
1 EL Butter
1/8 l Gemüsesuppe
1 Schuss Obers
1 EL Petersilie
Salz, Pfeffer

Hühnerfilets zuputzen und mit je zwei Scheiben Schinken umhüllen. In einer feuerfesten Pfanne im Öl auf einer Seite anbraten. Dann umdrehen und die Butter zugeben. Mit Weißwein ablöschen, mit Suppe untergießen und kurz dünsten.

Salbeiblätter und Roquefort auf den Filets verteilen. Die Pfanne kurz bei 200 Grad ins Rohr schieben, bis der Roquefort geschmolzen ist. Hühnerfilets herausnehmen und warm stellen, den Saft kurz einkochen lassen.

Den Perlweizen laut Packungsanleitung kochen. Den Spargel schälen und in kleine Stücke schneiden. In Butter andünsten, salzen, pfeffern und mit Suppe untergießen. Spargel weich dünsten (ca. 6–8 Minuten). Anschließend den gekochten Perlweizen zum Spargel geben, durchrühren und mit Obers und Petersilie vollenden.

Hühnerbrüste auf dem Perlweizen-Spargel-Risotto anrichten und mit Saft beträufeln.

MEIN TIPP

Keine Angst, wenn Perlweizen-Spargel-Risotto etwas matschig wird. Das soll so sein, denn so „flutscht" es am besten.

VINARIA-TIPP

Roter Veltliner Reisenthal, Weingut Mantlerhof, Brunn im Felde

VARIATIONEN

Außerhalb der Spargelsaison können Sie auch gebratene Pilze in das Perlweizenrisotto mischen.

VARIATIONEN

Das Freilandhendl schmeckt auch ohne Mantel: Hendlbrust salzen, pfeffern und in Olivenöl in der Pfanne oder im Rohr braten. Dazu die Grapefruitsoße servieren. Sollte vom Risotto etwas übrig bleiben: Zu Kugeln formen, in Mehl, Ei und Brösel panieren und in heißem Öl backen.

Freilandhendlbrust im Mohnmantel

mit Grapefruitsoße und Fenchel-Aranzini-Risotto

Eine wahre Geschmacksexplosion, diese Speise! Das zarte Hühnerfleisch im herben Mohnkleid, das feinbittere Aroma von Fenchel und Aranzini und schließlich der süßsäuerliche Geschmack der rosa Grapefruit – da haben die Geschmacksnerven wirklich was zu tun!

Risotto
1 Zwiebel
1 kleine Fenchelknolle
1 EL Butter
150 g Reis
2 EL Aranzini
1/8 l Weißwein
1/2 l Gemüsesuppe
Salz, weißer Pfeffer

Grapefruitsoße
1 rosa Grapefruit
1/16 l Weißwein
1 TL Zucker
1/4 l Obers
1/2 TL Maizena
Salz, weißer Pfeffer

Hendlbrust
4 Hühnerfilets
Saft von 1/2 Zitrone

Backteig
3 Eier
3 EL Mehl
1/8 l Mineralwasser, prickelnd
2 EL Graumohn, gerieben
Öl zum Backen
Salz, Pfeffer

Für das Risotto Zwiebel und Fenchel in kleine Würfel schneiden und in Butter glasig anschwitzen. Reis und Aranzini dazugeben, mit Weißwein ablöschen und mit Suppe aufgießen. Unter ständigem Rühren und Aufgießen den Reis schön kernig kochen (ca. 20 Minuten). Mit Salz und weißem Pfeffer würzen.

Für die Soße die Schale der Grapefruit abreiben und anschließend die Frucht auspressen. Schale mit dem Grapefruitsaft, Weißwein, Obers, Zucker, Salz und weißen Pfeffer einkochen lassen (15 Minuten) und anschließend wenn nötig mit Maizena binden.

Eier trennen. Dotter, Mehl, Mohn und Mineralwasser zu einem Teig vermengen, salzen und pfeffern. Eischnee unterziehen. Hühnerfilets enthäuten, größere Filets längs teilen, mit Zitrone beträufeln und im Mehl wenden. Danach durch den Backteig ziehen und goldgelb backen (ca. 10 Minuten).

MEIN TIPP

Aranzini sind überzuckerte Orangen- und Zitronenschalen, die man eher aus der klassischen Weihnachtsbäckerei kennt. Der bitter-süßliche Geschmack eignet sich aber das ganze Jahr über hervorragend, um pikanten Speisen einen Hauch von „Exotik" zu verleihen.

VINARIA-TIPP

Grüner Veltliner Käferberg, Weingut Willi Bründlmayer, Langenlois

Hühnerbrustfilet in Nusspanier

mit Marillen-Paprikaröster

Hühnerfleisch, Nüsse und Obst – eine Mischung, die eher exotisch, als nach Wirtshaus klingt. Doch wenn ich in den Kochbüchern meiner Urgroßeltern und Großeltern blättere, stoße ich immer wieder auf Kombinationen wie diese. Also gar nicht so exotisch, sondern einfach traditionelle Wirtshausküche für Experimentierfreudige.

Filets
4 Hühnerbrustfilets
Saft von 1/2 Zitrone
Salz

Nusspanier
Mehl, Ei zum Panieren
2 EL Brösel
2 EL fein gehackte Walnüsse

Öl zum Backen

Marillen-Paprikaröster
Rezept Seite 144

Hühnerbrust zuputzen, größere Filets längs nochmals teilen und mit Zitronensaft beträufeln. In Mehl, Ei und der Brösel-Walnussmischung panieren. Im heißen Öl goldgelb backen.

Auf dem Marillen-Paprikaröster anrichten und mit halber Marille garnieren.

VINARIA-TIPP

Neuburger Smaragd,
Weingut Franz Hirtzberger, Spitz

VARIATIONEN

Nicht nur Hühnerbrust, auch Schweinsmedaillons oder Truthahnbrust schmecken in Nusspanier ganz ausgezeichnet.

Fasanenbrustfilet im Speckhemd

mit Hagebuttensoße und Linsen

Da ist alles drin, was meiner Meinung nach zu einem ordentlichen Wildgericht gehört: ein gutes Safterl, ebenso guter Rotwein und eine Portion Süße.

Linsen
300 g Linsen
Weißweinessig
2 Lorbeerblätter
1 Zwiebel
4 Scheiben Frühstücksspeck
1 EL Schmalz
1 EL Mehl
ca. 1/2 l Suppe oder Linsensud
1 Prise Thymian
1 Prise Majoran
Salz, Pfeffer

Fasanenbrustfilets
4 Fasanenbrustfilets (von Sehnen befreit)
8 Scheiben fetter Selchspeck
2 EL Olivenöl
1/16 l Rotwein
1/16 l Suppe
3 EL Hagebuttenmarmelade
1 Schuss Balsamico
Salz

Die getrockneten Linsen einige Stunden einweichen, in frischem Wasser zustellen und mit den Lorbeerblättern und einem Schuss Essig ca. 20 Minuten weich kochen.

Zwiebel und Speck in kleine Würfel schneiden und im Schmalz glasig braten. Mit Mehl stauben, braun rösten, dabei immer rühren. Mit Majoran und Thymian würzen, mit Suppe oder Linsensud aufgießen und köcheln, bis eine sämige Masse entsteht. Mit Salz, Pfeffer und einem Schuss Weißweinessig abschmecken. Die gekochten Linsen dazugeben und einmal durchköcheln.

Die Fasanenbrustfilets in den Selchspeck wickeln und langsam in einer Pfanne mit Olivenöl anbraten. Dabei die Filets so in die Pfanne legen, dass die „offene Speckseite" unten liegt und sich „zusammenbrutzelt". Filets wenden und auf der zweiten Seite braten. Dann das Fett abgießen, den Bratrückstand mit Rotwein ablöschen und die Filets mit Suppe untergießen. Einen Deckel auf die Pfanne setzen und die Filets ca. 10 Minuten bei schwacher Hitze dünsten. Die Fasanenbrustfilets herausnehmen und warm stellen. Die Hagebuttenmarmelade in den Saft rühren und mit Balsamico und Salz abschmecken. Das Fleisch wieder in die Soße legen und kurz ziehen lassen.

Auf den Linsen servieren und mit Saft umgießen.

MEIN TIPP

Hagebuttenmarmelade selbst herzustellen ist eine ziemlich mühsame Angelegenheit. Die Marmelade gibt's fertig im Naturkostladen.

VINARIA-TIPP

Zweigelt Hommage, Weingut Thomas Leithner, Langenlois

VARIATIONEN

Als Beilagen eignen sich auch kleine Semmelknöderl (Rezept Seite 201), Butterspatzerln (Rezept Seite 134) oder Erdäpfelschupfnudeln (Rezept Seite 107).

VARIATIONEN

Wenn Sie kein Kaninchenfleisch bekommen, greifen Sie zum Hühner- oder Kalbsfilet. Kräftiger im Geschmack wird´s mit Lammfilet.

Kaninchenrückenfilet am Rosmarinzweig

mit Spargel-Senfkraut und Erdäpfelpüree

Es ist eigentlich verwunderlich, warum das Kaninchen bei uns noch immer so wenig Beachtung auf den Speisekarten findet. Dabei ist es zart wie ein Huhn, ohne dabei zu trocken zu sein, und ein guter Einstieg für jene, die sich in der Wildküche noch nicht so zu Hause fühlen. Damit das Ganze eine spannende Sache wird, braucht Kaninchenfleisch allerdings kräftige Würze und gschmackige Beilagen. Kein Problem …

Spargel-Senfkraut
1/2 Krautkopf
1 kleine Zwiebel
1 EL Butter
1 EL Zucker
2 EL Senf, süß
1/8 l Weißwein
8 Stk. Spargel
1 Spritzer Weißweinessig
1/8 l Obers
1 TL Maizena
Salz, Pfeffer

Kaninchenrückenfilet
700 g Kaninchenrückenfilet, ausgelöst
4 Rosmarinzweige
2 EL Öl zum Braten
1 EL Butter
1/16 l Rindssuppe
Salz, Pfeffer

Erdäpfelpüree
Rezept Seite 129

Klein geschnittene Zwiebel in Butter anschwitzen. Zucker und Senf dazugeben und mit Weißwein ablöschen.

Das Kraut in feine Streifen hobeln und im Weißweinsud weich dünsten (ca. 15 Minuten). Spargel schälen, schräg in Stücke schneiden und die letzten 10 Minuten zum Kraut geben. Danach mit Maizena binden, mit Essig, Salz und Pfeffer würzen und mit Obers verfeinern.

Nadeln der Rosmarinzweige mit dem Messer abschaben und nur auf der Spitze ein paar übrig lassen. Kaninchenrückenfilets in daumendicke Medaillons schneiden und auf die Rosmarinzweige spießen.

Spieße auf beiden Seiten in Öl anbraten, aus der Pfanne nehmen und das Fett abgießen. Butter im Bratrückstand zergehen lassen und mit Suppe aufgießen.

Spieße mit der Soße, dem Püree und dem Spargel-Senfkraut anrichten.

MEIN TIPP

Servieren Sie den Kaninchenspieß als leichtes Abendessen auf marinierten Blattsalaten.

VINARIA-TIPP
Weißburgunder Steinporz Smaragd, Weingut Franz Hirtzberger, Spitz

Geschmorte Rehschulter

in Rotwein-Powidl-Saft mit Gemüsestreifen

Dieses Wildgericht verdient hohe Aufmerksamkeit und eine schöne Portion Geduld gleichermaßen. Zum einen, weil der für die Soße kräftig eingesetzte Powidl keine Gnade kennt: Wenn man es mit dem Umrühren nicht so genau nimmt, legt er sich erbarmungslos am Topfboden an und ist von dort nicht mehr wegzukriegen. Etwas Geduld ist deshalb angesagt, weil die Schulter so richtig dahinschmurgeln muss, damit sich Fleisch und Soße zu dieser unvergleichlichen Konsistenz verbinden, die für mich ein erstklassiges Wildsoßerl ausmacht.

Geschmorte Rehschulter
750 g Rehschulter
1 große Zwiebel
1 EL Öl
1/2 l kräftiger Rotwein
1/2 l Rindssuppe
1/2 TL Kümmel, gestoßen
1/2 TL Rosmarin
5 Wacholderbeeren
2 Lorbeerblätter
Saft von 1/2 Zitrone
8 Zwetschken, entkernt
3 EL Powidl
1 Schuss Rotweinessig
Salz, Pfeffer

Gemüsestreifen
2 Karotten
1 kleine Sellerieknolle
8 Frühlingszwiebeln

Zwiebel im Öl glasig anschwitzen. Das Rehfleisch in ca. 2 cm große Würfel schneiden, mit den Zwiebelwürfeln rasch anbraten. Mit Rotwein ablöschen und mit Suppe aufgießen, bis das Fleisch zu drei Viertel bedeckt ist. Kümmel, Rosmarin, Wacholderbeeren, Lorbeerblätter und Zitronensaft dazugeben und köcheln lassen, bis das Fleisch schön weich ist (ca. 70 Minuten). Inzwischen immer wieder die verdunstete Flüssigkeit mit Suppe auffüllen.

Zum Schluss das Schmorfleisch mit Powidl und Rotweinessig vollenden, die geschnittenen Zwetschken unterrühren und nochmals kurz köcheln lassen. Je nach Konsistenz und gewünschter Geschmacksrichtung kann man den Saft jetzt mit Rotwein oder Suppe verdünnen oder mit Powidl kräftiger machen. Auf jeden Fall ständig umrühren, damit sich der Powidl nicht anlegt.

Gemüse in Streifen schneiden, bissfest dünsten und über das angerichtete Fleisch streuen.

VINARIA-TIPP
Cuvée Sacra Grande Reserve, Winzerhof Dockner, Höbenbach

VARIATIONEN

Als Beilage passen Nussknödel (Rezept Seite 101), Erdäpfelschupfnudeln (Rezept Seite 107) oder einfach Salzerdäpfel.

VARIATIONEN

Speckfisolen sind eine hervorragende Beilage für diese Koteletts, es gibt aber auch feine Alternativen: Kohlrabigemüse (Rezept Seite 136), gebratene Zucchini, Paradeiser-Schalottengemüse (Rezept Seite 111), Speckpolenta oder Spargel-Schwammerl-Gröstl (Rezept Seite 114).

Koteletts vom Weidelamm

mit Oliven-Parmesankruste und Speckfisolen

Das typische zarte Aroma von Lammfleisch in Verbindung mit der Oliven-Parmesankruste sorgt dafür, dass die Sonne des Südens ins Wirtshaus lacht.

Lammkoteletts
1/2 l Olivenöl
Saft von 1/2 Zitrone
1 Zweig Salbei
1 Zweig Minze

12 Stück Lammkoteletts
2 EL Pflanzenöl
1 EL Butter
1/16 l Suppe
Salz

Kürbiskruste
5 Oliven
1 Ei
4 EL Parmesan, gerieben
1 TL Brösel

Speckfisolen
500 g Fisolen
4 Scheiben Frühstücksspeck
2 EL Pflanzenöl
1 TL grüne Pfefferkörner, eingelegt
1/2 TL Thymian
Salz, Pfeffer

Aus Olivenöl, Zitronensaft, Salbei und Minze eine Marinade rühren und die Koteletts über Nacht oder einige Stunden darin einlegen.

Lammkoteletts trockentupfen und in Öl beidseitig anbraten. Die Koteletts sollen innen rosa bleiben. Aus der Pfanne nehmen, salzen und warm stellen. Das Fett abgießen, den Bratrückstand mit Butter lösen, mit Suppe aufgießen und einkochen.

Für die Kruste fünf Oliven entkernen und fein hacken. Oliven mit Ei, Parmesan und Brösel zu einer Paste verarbeiten. Koteletts in eine feuerfeste Form schlichten und die Oberseiten mit der Masse bestreichen. Im Rohr bei 200 Grad gratinieren, bis die Kruste fest ist (ca. 4 Minuten).

Fisolen putzen und in Salzwasser bissfest kochen. Speck in feine Streifen schneiden und im Öl anbraten. Gekochte Fisolen in der Pfanne mit dem Speck schwenken, salzen, pfeffern und mit Thymian und Pfefferkörnern würzen.

Die Koteletts auf den Speckfisolen anrichten und mit Bratensaft umgießen.

MEIN TIPP

Lammfleischkauf ist immer auch Vertrauenssache. Ich beziehe mein Lammfleisch bei der Vereinigung „Land & Wirt". Da weiß ich, dass ich wirklich junges, frisches Fleisch von erstklassig gehaltenen Tieren bekomme. Schauen Sie, dass Sie auch für sich eine so verlässliche Quelle erschließen, schlechte Qualität kann Ihnen Lammfleisch ein für allemal verleiden.

VINARIA-TIPP

Cuvée Lukas, Weingut Lukas Markowitsch, Göttlesbrunn

Eingemachtes Spargel-Kitz

mit Bandnudeln

Wie wäre es einmal mit einem Ziegenkitz? Dieses Fleisch ist eine wahre Delikatesse. Es ist sehr zart, aromatisch und zählt zu den hochwertigsten und fettärmsten aller Fleischarten.

Spargelkitz
800 g Ziegenkitz
(vom Fleischhauer zerteilt)
800 g frischer Spargel
1 Zwiebel
2 EL Butter
1 l Spargelsud oder Rindssuppe
1 EL Butter
1 EL Mehl
Saft von 1/2 Zitrone
1/8 l Obers
2 Eidotter
1 Zweig frischer Thymian, gerebelt
Salz

Bandnudeln
300 g Bandnudeln
1 EL Butter
Salz, weißer Pfeffer

frischer Thymian zum Garnieren

Bandnudeln bissfest kochen. Spargel schälen, schräg in ca. 4 cm lange Stücke schneiden und in Wasser mit Salz und Zucker bissfest kochen. Spargelsud aufheben.

Zwiebelwürfel in Butter anschwitzen, die Kitzstücke kurz mitbraten. Sie sollten dabei nicht braun werden. Mit Spargelsud oder Rindssuppe aufgießen. Salzen und langsam weich dünsten (ca. 10 Minuten). Fleischstücke aus der Soße nehmen und warm stellen. Aus Butter und Mehl eine helle Einbrenn bereiten und mit der Fleischsoße aufgießen. So lange unter ständigem Rühren köcheln, bis eine dickliche Soße entsteht. Mit Zitronensaft, Thymian, Salz und Pfeffer würzen.

Fleisch und die Spargelstücke in die Soße geben und mit Obers und Dottern legieren. (Nicht mehr aufkochen, sonst stockt der Eidotter!) Die fertig gekochten Nudeln in heißer Butter schwenken, salzen und pfeffern.

Bandnudeln auf einen Teller geben, Fleisch darauflegen, alles großzügig mit Soße umgießen und mit frischem Thymian bestreuen.

VINARIA-TIPP
Gelber Muskateller Smaragd, Weingut Gritsch, Vießling

VARIATIONEN

Statt der Bandnudeln passen zum Kitz auch sehr gut Erbsenreis oder Butterspatzerln (Rezept Seite 134).

VARIATIONEN

Salmi können Sie auch mit jeder Art von Geflügel oder Wild zubereiten. Statt der ButterspatzerIn schmecken auch kleine Semmelknödel (Rezept Seite 201) oder Teigwaren sehr gut.

Salmi vom Hasenhaxerl

in Wurzelgemüse mit Butterspatzerln

Von einem Salmi spricht man dann, wenn Fleisch in einer Gemüse-Wurzelwerksoße geschmort wird. Dieses Rezept habe ich aus einem Kochbuch aus dem Jahre 1890. Guter Geschmack kommt nicht aus der Mode.

Salmi
2 Karotten
1/2 Sellerieknolle
2 Stangensellerie
1 Petersilwurzel
1 Lorbeerblatt
1 Zweig Maggikraut
2 Knoblauchzehen

4 Hasenkeulen
3 EL Öl

2 EL Mehl
1/4 l Rotwein
1 EL Weinbrand
1/2 l Gemüsesuppe
Saft von 1/2 Zitrone
Salz, Pfeffer

Butterspatzerln
Rezept Seite 134

Suppengemüse, Knoblauchzehen und Maggikraut fein schneiden. Hasenkeulen im Öl anbraten, bis sie Farbe bekommen. Die Keulen herausnehmen und das Suppengemüse im Bratrückstand anrösten. Mit Mehl stauben und mit Rotwein und Weinbrand löschen. Mit Suppe aufgießen und mit Zitronensaft, Salz und Pfeffer würzen, das Lorbeerblatt dazugeben.

Hasenkeulen zum Wurzelgemüse geben und weich dünsten (ca. 30–40 Minuten). Danach Keulen aus der Pfanne nehmen und warm stellen.

Die Hälfte des Gemüses mit einem Schaumlöffel aus der Soße heben und warm stellen. Die restliche Soße mit der „Flotten Lotte" passieren oder einfach mit dem Stabmixer pürieren. Haxerl wieder zurück in die Soße legen.

Haxerl mit Soße, Gemüse und Butterspatzerln anrichten.

VINARIA-TIPP
Zweigelt Himmelreich, Pollerhof, Röschitz

Rosa gebratenes Rehfilet

mit Süßwein-Rosinen-Pfeffersoße und Gänseleber-Blunzenlasagne

Die aufmerksamen LeserInnen dieses Buches werden es schon bemerkt haben: Die Gänseleber hat's mir angetan. Auch bei dieser Speise ist sie wieder Garant dafür, dass sich am Gaumen etwas abspielt. „Üppiger Frohsinn" – das ist es, was mir bei einem Essen wie diesem einfällt. Eine etwas aufwändigere Sache, aber es lohnt sich.

Süßweinrosinen
2 EL Rosinen
1/16 l Süßwein
1 TL rosa Pfeffer
1 EL Zucker
1 Schuss Rotweinessig
Salz, Pfeffer

Rehfilets
4 Rehfilets (à 180 g)
Salz, Pfeffer
1 EL Pflanzenöl
1 EL Butter
1/16 l Rindssuppe

Lasagne
8 Lasagneblätter
1 Apfel
1/8 l Apfelsaft
1/2 Zwiebel
1 EL Butter
300 g Blunzen
100 g Gänseleber
1/2 TL Majoran
Salz, Pfeffer

Für die Süßweinrosinen die Rosinen in Süßwein, Zucker, Essig, Salz und Pfeffer ziehen lassen. Am besten über Nacht, oder einige Stunden vorher.

Für die Lasagnefülle den Apfel schälen, entkernen und in kleine Stücke schneiden. Im Apfelsaft weich dünsten. Klein geschnittene Zwiebel in Butter anschwitzen. Gänseleberwürfel und Blunzenstücke mitbraten, mit Majoran, Salz und Pfeffer würzen. Gedünstete Apfelwürfel dazugeben und warm stellen.

Die Rehfilets salzen, pfeffern und auf allen Seiten anbraten. Das Fleisch herausnehmen und warm stellen, das Fett abgießen. Butter im Bratrückstand zerlassen und mit dem Süßwein-Rosinensud aufgießen. Rehfilets wieder in die Pfanne legen und im Saft ziehen lassen (ca. 2–3 Minuten). Herausnehmen, warm stellen und den Saft einkochen lassen.

Die Filets in je 3 Scheiben schneiden. Mit dem Saft umgießen. Gekochte Lasagneblätter mit Gänseleber-Blunzenmasse füllen.

MEIN TIPP

Apropos Blunzenlasagne: Wie wär's mal mit einer Lasagne der ganz anderen Art? Schneiden Sie dafür mit der Brotschneidmaschine hauchdünne Scheiben aus Chiabatta oder anderem Weißbrot und rösten Sie diese im Rohr (mit feuerfester Form beschweren, damit sich die Brotscheiben nicht wölben). Zwischen die Weißbrot-Chips schichten Sie nun zwei Lagen mit geschmorten Tomaten und frischem, klein geschnittenem Rucola. Ein herrlich-frischer Appetithappen.

VINARIA-TIPP

Gigama Reserve, Weingut Leth, Fels am Wagram

VARIATIONEN

Statt der Blunzenlasagne passt auch ein Gänseleber-Blunzengröstl als Beilage.

VARIATIONEN

Das Wurzelfleisch können Sie auch mit Lammschlögel – in Würfel geschnitten – zubereiten.

Wurzelfleisch vom Reh

in Rotwein-Lorbeersud

Eine Abwandlung des berühmten „Steirischen Wurzelfleisch" für Wild- und Rotweinliebhaber. Als Beilage eignen sich Salzerdäpfel am besten.

Wurzelfleisch
1 kg Fleisch von der Rehschulter
1/2 l Rotwein
1/4 l Wasser
1/8 l Rotweinessig
2 EL Zucker
3 Lorbeerblätter
1 Rosmarinzweig
1 TL Majoran
1 TL Thymian
1 kleine Sellerieknolle
3 Karotten
1 Zwiebel
4 EL Kren, frisch gerieben
Salz, Pfeffer

Rotwein, Wasser, Balsamico, Zucker und Gewürze aufkochen. Rehfleisch in ca. 2 cm große Würfel schneiden und im Sud weich köcheln lassen (ca. 1 Stunde).

Anschließend Sellerie, Karotten und Zwiebel in feine Streifen schneiden, zum Fleisch geben und nur mehr ganz kurz mitkochen, damit das Gemüse schön bissfest bleibt. Den Sud nochmals mit Salz und Pfeffer abschmecken. Fleisch im Wurzelsud anrichten, mit frisch gerissenem Kren bestreuen.

Dazu passen Salzerdäpfel.

MEIN TIPP

Wer mag, bestreut das Gericht auch üppiger mit Kren. Er ist besonders in der kalten Jahreszeit sehr gesund und reinigt die Atemwege.

VINARIA-TIPP

Cuvée Stuhlwerker, Weingut Johann Böheim, Arbesthal

Rehmedaillons in Walnusspanier

mit Rotkrautbandnudeln

Schon zu Großvaters Zeiten gab's im Gasthaus Jell den Jägerstammtisch und natürlich immer beste Stücke vom Wild. Schließlich war Großvater ja selbst auch Jäger. Jägerin bin ich zwar keine, die Tradition der Wildspezialitäten halte ich in meinem Wirtshaus aber weiterhin hoch.

Rehmedaillons
800 g Rehfilets

Panier
Mehl, Ei zum Panieren
4 EL Brösel
2 EL Walnüsse, gerieben
Salz

Öl zum Backen

Rotkrautbandnudeln
1 kleiner Kopf Rotkraut
1 kleine Zwiebel
2 EL Schmalz
1 EL Zucker
1/4 l Rotwein
1/8 l Suppe
1 Apfel
2 EL Preiselbeeren
1 Schuss Rotweinessig
500 g Bandnudeln
Salz, Pfeffer

Rehfilets in fingerdicke Medaillons schneiden, salzen und in Mehl, Ei und der Brösel-Walnuss-Mischung panieren. Im heißen Öl goldgelb backen.

Rotkraut fein hobeln. Fein geschnittene Zwiebel im Schmalz anschwitzen, Zucker dazugeben und ankaramellisieren lassen. Mit Rotwein ablöschen und mit Suppe aufgießen. Kraut und geschälten, würfelig geschnittenen Apfel dazugeben und weich dünsten. Mit Preiselbeeren, Salz, Pfeffer und Rotweinessig abschmecken.

Bandnudeln bissfest kochen und mit dem Rotkraut mischen. Die gebackenen Medaillons darauf anrichten.

VINARIA-TIPP
Blauburger, Bio-Weingut H. & M. Hofer, Auersthal

VARIATIONEN

Eine ganz schnelle, aber nicht minder gschmackige Beilage: Die Bandnudeln mit gerösteten Pilzen mischen.

Hast du ’ne Maise, Helmut?

Wenn man früher in einer fremden Gegend war und nach einem guten Wirtshaus suchte, achtete man immer drauf, dass am Haus nicht nur „Wirtshaus", sondern „Wirtshaus und Fleischhauerei" stand. Dann war man sicher, dass hier frische, erstklassige Ware geboten wird. Heute sucht man nach dieser Aufschrift meist vergeblich. Auch bei meinem Wirtshaus. Und doch sind wir ein Wirtshaus mit eigener Fleischhauerei. Mein Mann Helmut hat in der Kremser Innenstadt, wenige Gehminuten vom Wirtshaus entfernt, eine Fleischerei und ich komme damit in den Vorzug, meinen Gästen nur die besten Stücke servieren zu dürfen. Natürlich hat er vom Tafelspitz bis zum schönen Schweinsfilet, von der Leber bis zum Nierndl alles zu bieten, am meisten aber spricht man ihn auf die Saumaisen an. „Schweinsmaise" oder nur „Maise" sagen einige, und wenn deutsche Urlauber in Helmuts Fleischhauerei „Hast du 'ne Maise?" fragen, ist er auch nicht beleidigt. Aber nur „Saumaise" klingt eben so, wie's auch schmeckt. Die Zutaten sind einfach: Schweinefleisch faschiert, gut gewürzt ins Schweinsnetz gepackt, geräuchert und – zumindest der Helmut macht das immer so – gut durchgebraten. (Lesen Sie dazu auch „MEIN TIPP" auf der folgenden Seite!) Und trotzdem fabriziert jeder Fleischhauer eine bisserl andere Saumaise. Mein Mann natürlich die beste der Welt, find ich.

VARIATIONEN

Für das Kraut können Sie statt des Rhabarbers Marillen nehmen. Als Beilagen passen auch Erdäpfelpüree (Rezept Seite 129), Salzkartofferl, Erdäpfelrösti (Rezept Seite 133) oder einfach eine Scheibe Schwarzbrot ganz ausgezeichnet. Saumaisen müssen nicht immer warm gegessen werden, dünn geschnitten, mit Senf und Kren, schmecken sie auch kalt sehr gut.

Kleine Saumaisen vom Chef

mit Rhabarber-Paprikakraut

Die „Saumaisen vom Chef" sind eine Spezialität des Hauses. Mein Mann Helmut liefert sie mir frisch aus der Räucherkammer ins Wirtshaus. Er macht sie für mich extra klein, damit sie appetitlicher sind. Manche meiner Gäste können mein Haus nicht verlassen, ohne zumindest ein kleines „Saumoaserl" genascht zu haben. Übrigens: Gourmet-Journalist und Kochbuch-Bestsellerautor Christoph Wagner ist einer von diesen Saumaisen-Fans ...

Saumaisen
8 kleine Saumaisen (beim Fleischhauer bestellen)
3/4 l Wasser
1/8 l Grüner Veltliner
2 Lorbeerblätter
3 Wacholderbeeren

Rhabarber-Paprikakraut
1 Zwiebel
je 1/2 roter, gelber und grüner Paprika
4 EL Öl
2 EL brauner Zucker
2 EL Paprika, edelsüß
1/4 l Weißwein
1/4 l Rindssuppe
1 kleiner Krautkopf
1/2 Rhabarberstange (oder Rhabarber-Kompott)
2 EL Rotweinessig
1/2 TL Kümmel, gestoßen
1 kleiner Erdapfel
Maizena
1/8 l Obers
Salz, Pfeffer

Die Saumaisen im Sud aus Wasser, Wein, Lorbeerblättern und Wacholderbeeren erhitzen und 30 Minuten ziehen lassen.

Zwiebel und Paprika nudelig schneiden und im Öl anschwitzen. Braunen Zucker dazugeben und ankaramellisieren lassen. Paprikapulver dazugeben, kurz durchrösten, mit Weißwein ablöschen und mit Rindssuppe aufgießen. Aufkochen lassen. Kraut fein hobeln und im Paprikasaft weich dünsten (ca. 15 Minuten). Den geschälten, klein geschnittenen Rhabarber dazugeben und kurz mitdünsten.

Mit Essig, Kümmel, Salz und Pfeffer abschmecken und mit dem rohen, gerissenen Erdapfel oder Maizena binden. Mit Obers vollenden.

Je zwei kleine Saumaisen auf dem Kraut anrichten.

MEIN TIPP

Saumaisen sind eine niederösterreichische Spezialität. Dort sagt man stilecht „Saumoasn" dazu. Aus einer Mischung aus Schweinefleisch, Rinderbrät und Gewürzen werden Kugeln in Knödelgröße geformt und mit einem Stück Schweinsnetz umhüllt. Danach kommen sie in die Selchkammer, werden geräuchert und anschließend durchgebraten. Damit müssen sie bei der Zubereitung nur mehr kurz heiß gemacht oder können aber auch sofort kalt gegessen werden.

VINARIA-TIPP

Sauvignon Blanc, Vorspannhof Anton Mayr, Dross

Gebackene Blunzenscheiben

auf Zwetschken-Krautsalat

Gebackenes gehört schlicht und ergreifend zu den absoluten Rennern im Wirtshaus. Und nicht nur dort: Bei jedem Buffet – zumindest in Österreich – sind die Schüsseln mit Paniertem zuerst geleert. Es muss ja nicht immer das klassische Schnitzerl sein. Wie wär's mit gebackener Blunzen und einem herzhaften Krautsalat dazu?

Krautsalat
1 kleiner Krautkopf
1 TL Kümmel, ganz
Essig
Pflanzenöl
Zucker
8 Zwetschken
Salz

Blunzenscheiben
8 Scheiben Blunzen (ohne Haut)
Salz, Pfeffer
Majoran
Mehl, Ei, Brösel zum Panieren

Schmalz zum Backen

Kraut fein hobeln, in siedendes Wasser geben und kurz ziehen lassen (ca. 5 Minuten). Kraut abseihen und mit Essig, Öl, Zucker, Salz und Kümmel marinieren und gut durchmischen. Zwetschken entkernen, klein schneiden und unters Kraut mischen. Die Marinade gut einziehen lassen.

Blunzen mit Salz, Pfeffer und Majoran würzen, in Mehl, Ei und Brösel panieren und im heißen Schmalz beidseitig goldgelb backen.

Auf dem Zwetschken-Krautsalat anrichten.

MEIN TIPP

Obwohl Kraut ein so billiges Gemüse ist (oder vielleicht gerade deshalb), wird es oft nicht genug beachtet. Es ist reich an Eisen, Calcium, Magnesium und Vitamin C, hat kaum Kalorien und schmeckt herrlich. Machen Sie sich doch ab und zu einen knackigen Krautsalat. Die Zwetschken geben ihm eine besondere Note, natürlich können es aber auch ganz „klassisch" gebratene Speckwürferl sein.

VINARIA-TIPP

Die Versuchung, Weingut Gustav Krug, Gumpoldskirchen

VARIATIONEN

Ein schöner Farbkontrast ist auch der Rotkrautsalat als Beilage: Rotkraut fein schneiden und mit Essig, Salz, Kümmel, Pfeffer, Orangensaft, Preiselbeeren und Öl vermischen. Ziehen lassen.

VARIATIONEN

Zu dieser Blunzen passt auch ein feines Grammelkraut: Geschnittene Zwiebel und Grammeln rösten, mit Salz, Pfeffer und einer Prise Zucker würzen, fein gehobeltes Weißkraut dazugeben, mit Wasser ablöschen und weich dünsten.

Blunzen mit Grappa-Rosinen

mit Sauren Rüben und Grammelrösti

Ein Gericht, das ich indirekt meinem Mann Helmut zu verdanken habe. Er hatte eine Zeit lang in eine seiner Blutwurstsorten Grappa-Rosinen gemischt. Doch die Leute bevorzugten die pure Blunzen. Das tun auch meine Gäste, aber gegen Grappa-Rosinen als Beigabe zur Blunzen haben sie nichts einzuwenden. Ganz im Gegenteil ...

Blunzen
600 g Blunzen
2 EL Schmalz
2 EL Rosinen
2 Stamperl Grappa
1 TL Zucker

Grammelrösti
8 Erdäpfel
(mehlig, kernig gekocht)
1/2 Zwiebel
1 EL Schmalz
3 EL Grammeln
Salz

Saure Rüben
1/2 Zwiebel
1 EL Schmalz
500 g Saure Rüben
(auch fertig zu haben)
2 Lorbeerblätter
3 Wacholderbeeren
1/8 l Wasser oder
Gemüsesuppe
Salz

Rosinen über Nacht oder mehrere Stunden in Grappa und Zucker einweichen. Blunzen im Schmalz knusprig anbraten. Die in Grappa eingelegten Rosinen dazugeben und kurz mitbraten.

Für das Rösti klein geschnittene Zwiebel im Schmalz anrösten. Die Grammeln und die grob gerissenen Erdäpfel dazugeben und mitrösten, salzen.

Für die Sauren Rüben klein geschnittene Zwiebel im Schmalz anschwitzen, Rübenstreifen, Wacholderbeeren und Lorbeerblätter dazugeben. Mit Wasser oder Suppe aufgießen und dünsten (ca. 10 Minuten). Bei Bedarf mit einem fein gerissenen Erdapfel binden, der die letzten Minuten mitgekocht wird. Mit Salz würzen.

Die gebratene Blunzen auf das Grammelrösti legen und mit den Sauren Rüben servieren. Den Bratsaft mit den Grappa-Rosinen darüber verteilen.

VINARIA-TIPP
Grüner Veltliner Haidviertel Weinviertel DAC, Weingut Roman Pfaffl, Stetten

Selchfleisch- und Grammelknöderl

mit Weinkraut

Manfred Deix, bekannter Karikaturist und Stammgast im Hause Jell, will sie bei jedem Besuch essen, diese Knöderl. Bei ihm darf's, wenn's die Saison zulässt, auch noch ein Eierschwammerlgulasch dazu sein. Ich sage ganz bewusst Knöderl dazu, denn sie müssen wirklich klein sein. Das bedeutet zwar mehr Arbeit, macht die Sache aber weitaus appetitlicher und anregender. Ansonsten belasse ich alles beim traditionellen Knödelrezept meiner Urgroßmutter. An diesem Urgeschmack will und darf ich keinen Millimeter ändern.

Weinkraut
2 EL Schmalz
1 Zwiebel
1 Krautkopf
2 Lorbeerblätter
3 Wacholderbeeren
2 EL Zucker
1/2 l Grüner Veltliner
1 Schuss Weißweinessig
1 kleiner Erdapfel (zum Binden) oder 1 TL Maizena
Salz, Pfeffer

Erdäpfelteig
1 kg mehlige Erdäpfel, roh
2 EL Weizengrieß
220 g Mehl, griffig
1 Dotter
Salz

Selchfleischknöderl
200 g mageres Selchfleisch
1 EL Schmalz
1 EL Zwiebel
1 EL Petersilie
Salz, Pfeffer

Grammelknöderl
200 g Grammeln
1 EL Schmalz
1 EL Zwiebel
1 EL Petersilie
1 TL Majoran
1 Knoblauchzehe
Salz, Pfeffer

Für das Weinkraut Zwiebel im Schmalz anschwitzen, mit Zucker leicht karamellisieren lassen und mit Weißwein ablöschen. Lorbeerblätter und Wacholderbeeren dazugeben. Kraut fein hobeln und im Weißweinsud weich dünsten (ca. 20 Minuten). Mit Salz, Pfeffer und Essig abschmecken und mit gerissenem Erdapfel oder Maizena binden.

Für den Teig Erdäpfel kochen, schälen und durch die Erdäpfelpresse drücken. Erdäpfelmasse mit Weizengrieß, Mehl, Dotter und Salz zu einem Teig verarbeiten.

Für die Selchfleischknöderl klein geschnittene Zwiebel im Schmalz rösten und mit dem Selchfleisch (lassen Sie es gleich vom Fleischhauer faschieren) und der gehackten Petersilie vermischen. Mit Salz und Pfeffer würzen. Aus Teig und Fülle kleine Knödel formen.

Für die Grammelknöderl klein geschnittene Zwiebel in Schmalz anrösten und mit Grammeln (siehe „MEIN TIPP"), gehackter Petersilie, Majoran und zerdrücktem Knoblauch vermischen. Mit Salz und Pfeffer würzen. Aus Teig und Fülle kleine Knödel formen.

Selchfleisch- und Grammelknöderl kochen, bis sie an der Oberfläche schwimmen (ca. 15 Minuten). Weinkraut auf Tellern anrichten und je ein Selchfleisch- und ein Grammelknöderl daraufsetzen.

MEIN TIPP

Damit's noch appetitlicher wird, hacke ich die Grammeln klein, röste sie kurz in der Pfanne und drücke sie mit Gefühl durch die Erdäpfelpresse. Das spart ein bisschen Fett und macht die Fülle einfach „bissiger".

VINARIA-TIPP
Grüner Veltliner Alte Reben Priorissa, Weingut Josef Schmid, Stratzing

VARIATIONEN

Anstatt des Weinkrauts vertragen sich die Knöderl auch sehr gut mit Rhabarber-Paprikakraut (Rezept Seite 185).

VARIATIONEN

Die Ravioli harmonieren auch sehr gut mit streifig geschnittenem, gedünstetem Wurzelgemüse wie Karotten, gelben Rüben, Sellerie oder Pastinaken. Wer´s würziger liebt, serviert die Ravioli auf mildem Weinkraut (Rezept Seite 190).

Gänseleber-Ravioli

mit Steinpilz-Blunzengröstl und Rotwein-Zwiebelmarmelade

Ein schönes Beispiel dafür, wie gern ich das Edle mit dem Deftigen kulinarisch verheirate. Sind doch ein schönes Paar, die Gänseleber und die Blunzen, oder?

Rotwein-Zwiebelmarmelade
2 EL Pflanzenöl
16 Schalotten
2 EL brauner Zucker
1/4 l Rotwein
1 Schuss Rotweinessig
Salz, Pfeffer

Ravioli
1 Apfel
1 kleine Zwiebel
200 g Gänseleber
1 TL Butter
1 TL Majoran
1 Schuss Apfelsaft
1 TL Rotweinessig
Salz, Pfeffer

750 g Erdäpfelteig
(oder Nudelteig)
Rezept Seite 190

Steinpilz-Blunzengröstl
2 EL Pflanzenöl
1 kleine Zwiebel
500 g Blunzen
500 g Steinpilze
1 TL Majoran
1 TL Thymian
4 EL Petersilie, gehackt
Salz, Pfeffer

Für die Rotwein-Zwiebelmarmelade die Schalotten in dünne Ringe schneiden und im Öl anbraten. Zucker dazugeben und karamellisieren lassen. Mit Rotwein aufgießen und unter Rühren einkochen, mit Salz, Pfeffer und Rotweinessig abschmecken.

Geschälten Apfel, Zwiebel und Gänseleber in kleine Würfel schneiden. Alles in Butter rösten und mit Majoran, Salz und Pfeffer würzen. Mit Apfelsaft und Rotweinessig abschmecken, durchrühren und abkühlen lassen.

Erdäpfelteig dünn ausrollen, Gänseleberfülle mit dem Löffel portionsweise auf die Teigfläche setzen. Kreise ausstechen und je eine Kreishälfte über die Fülle klappen, dass ein Halbmond entsteht. Offene Seite mit dem Daumen zudrücken.
Ravioli im Salzwasser ca. 5 Minuten kochen.

Für das Steinpilz-Blunzengröstl klein geschnittene Zwiebel in Öl anrösten, blättrig geschnittene Steinpilze und Blunzenwürfel beimengen und bei starker Hitze knusprig rösten. Mit Salz, Pfeffer, Majoran, Thymian und gehackter Petersilie würzen.

Die Ravioli auf dem Steinpilz-Blunzengröstl und mit einem Löffel Rotwein-Zwiebelmarmelade anrichten.

MEIN TIPP

Ein Gröstl heißt Gröstl, weil es ordentlich geröstet sein muss. Punkt. Gerade bei diesem Steinpilz-Blunzengröstl kommt es darauf an, die Blunzen ganz, ganz knusprig anzurösten. Das intensiviert das Geschmackserlebnis ungemein.

VINARIA-TIPP

Pinot Noir Grande Reserve, Johanneshof Reinisch, Tattendorf, oder
Zierfandler-Rotgipfler Privat, Weingut Schaflerhof, Traiskirchen

Gebackenes Bries

mit Petersilerdäpfeln und Schnittlauchsoße

Ich geb's zu: Ich bin „fleischlich vorbelastet". In unserer Familie und in unserem Wirtshaus (was so ziemlich dasselbe ist) gab es oft Fleisch und oft Innereien. Letztere sind für mich die Würze der Wirtshausküche. Und das Bries als rares Stück nimmt da eine besondere Stellung ein.

Gebackenes Bries
600 g Kalbsbries
1/8 l Weißwein
3/4 l Wasser
2 Lorbeerblätter
Saft von 1/2 Zitrone
2 Wacholderbeeren

Mehl, Ei, Brösel zum Panieren
Schmalz zum Ausbacken

Petersilerdäpfel
12 kleine Erdäpfel (Heurige)
2 EL Butter
1 EL Petersilie, gehackt
Salz

1 Zitrone

Schnittlauchsoße
(Rezept Seite 121)

Kalbsbries unter fließendem Wasser wässern, häuten und putzen. Aus Weißwein, Wasser, Lorbeerblättern, Wacholderbeeren und Zitronensaft einen Sud bereiten und das Kalbsbries darin mehr ziehen als köcheln lassen (ca. 10 Minuten).

Bries herausnehmen, abtupfen und in daumengroße Stücke zerteilen. Briesstücke in Mehl, Ei und Brösel panieren und im Schmalz goldgelb backen.

Für die Petersilerdäpfel die Erdäpfel kochen, schälen und vorsichtig in heißer Butter und gehackter Petersilie schwenken, salzen.

Gebackenes Bries mit den Erdäpfeln und einer Zitronenscheibe anrichten, dazu passt ein guter Löffel Schnittlauchsoße.

MEIN TIPP

Bries, eine Wachstumsdrüse am Hals von Kalb oder Lamm, ist von der Konsistenz dem Hirn ähnlich und – ob man's glaubt oder nicht – sogar für Diätkost geeignet. Kalbsbries ist gar nicht so leicht zu bekommen. Also wenn der Fleischhauer Ihres Vertrauens eines bei der Hand hat, dann zugreifen. Schön weiß sollte es jedenfalls sein.

VINARIA-TIPP

Sauvignon Blanc Federspiel, Kartäuserhof Karl Stierschneider, Weißenkirchen

VARIATIONEN

Panier einmal anders: Wenden Sie die Briesstücke zuerst in Ei und dann im Mehl, das Sie vorher mit einer Prise Curry gewürzt haben. Brösel gibt's dazu keine. Die Panier wird leicht, knusprig und schmeckt sehr fein.

VARIATIONEN

Als alternative Beilage zu den Kalbsnierndln eignen sich Mangold-Risotto, Gemüsereis oder Zartweizen mit Trüffelöl.

Kalbsnierndlscheiben im Buttersafterl

mit Blattspinat und Schwammerlrisotto

Kalbsnieren bekommen Sie nicht immer, die sollten Sie beim Fleischhauer vorbestellen. Das Warten ist diese echte Wirtshausspeise aber allemal wert. Vor allem, wenn Sie sie mit diesem herzhaften Schwammerlrisotto zubereiten.

Schwammerlrisotto
150 g Risottoreis
2 EL Butter
1 kleine Zwiebel
2 Knoblauchzehen
150 g Pilze (z.B. Steinpilze, Eierschwammerln, Champignons)
1/16 l Weißwein
1/2 l Gemüsesuppe
Salz, Pfeffer

Kalbsnierndln
800 g Kalbsnieren, küchenfertig
Mehl
2 EL Öl
2 Stamperl Weinbrand
1/8 l Rindssuppe
5 Salbeiblätter
1 TL Butter
1 EL Petersilie, gehackt
Salz, Pfeffer

Blattspinat
4 Hand voll Blattspinat
1 EL Butter
Muskatnuss
Salz, Pfeffer

Für das Risotto Zwiebel und Knoblauch feinwürfelig schneiden und in Butter anschwitzen. Den Reis dazugeben, mit Wein ablöschen und mit Suppe aufgießen. Unter ständigem Rühren und Aufgießen kernig kochen (ca. 20 Minuten). Blättrig geschnittene Schwammerln in Butter kurz braten, salzen, pfeffern und unter das Risotto mischen.

Kalbsnierndln in Scheiben schneiden, in Mehl wenden und im Öl anbraten. Mit Weinbrand und etwas Suppe ablöschen. Gehackte Salbeiblätter dazugeben. Die Nierndlscheiben salzen und pfeffern, aus dem Saft heben und warm stellen. Den Saft mit Butter und Petersilie verfeinern.

Den Blattspinat blanchieren und anschließend in Butter schwenken. Mit Salz, Pfeffer und Muskatnuss würzen. Nierndlscheiben auf Blattspinat und Risotto anrichten, alles großzügig mit dem Bratsaft beträufeln.

MEIN TIPP

Vor dem Zubereiten sollten die Nierndln zumindest eine Stunde lang in Wasser oder Milch eingelegt werden, um den intensiven Eigengeschmack zu mildern. Dann werden die Nierndln trockengetupft und mit einem scharfen Messer von Sehnen und Fett befreit.

VINARIA-TIPP

Chardonnay, Weingut Stadt Krems, Krems

Geröstete Leber

mit Grammeltascherln

Dünn, fast schon hauchdünn schneiden, extrem kurz anbraten und dabei echtes, sündhaftes Schweineschmalz verwenden – das sind die drei Grundregeln für eine gelungene geröstete Leber. Wenn Sie die beherzigen, haben Sie mit diesem Gericht eine echte Wirtshausköstlichkeit auf dem Teller. Steht mal keine Zeit für Grammeltascherln zur Verfügung, schmeckt ein frisches Salzstangerl oder ein Semmerl auch ganz herrlich.

Geröstete Leber
600 g Schweinsleber
(im Ganzen oder vom Fleischhauer geschnitten)
1 kleine Zwiebel
1 EL Schmalz
1 EL Mehl
1/4 l Rindssuppe
1 TL Majoran
2 Spritzer Weißweinessig
Salz, Pfeffer

Erdäpfelteig
1 kg mehlige Erdäpfel, roh
2 EL Weizengrieß
220 g Mehl, griffig
1 Dotter
Salz

Grammelfülle
200 g Grammeln
1 EL Schmalz
1 EL Zwiebel
1 EL Petersilie
1 TL Majoran
1 Knoblauchzehe
Salz, Pfeffer

Öl zum Backen

Für die Leber Zwiebel in feine Ringe schneiden, im Schmalz goldgelb rösten. Die in dünne Blätter geschnittene Leber dazugeben. Kurz anrösten, bis sie Farbe bekommt. Mit etwas Mehl stauben. Mit Majoran und Pfeffer würzen und mit Suppe aufgießen. Mit Essig abschmecken und erst zuletzt salzen.

Für den Teig Erdäpfel kochen, schälen und durch die Erdäpfelpresse drücken. Erdäpfelmasse mit Weizengrieß, Mehl, Dotter und Salz zu einem Teig verarbeiten. Ausrollen und mit einem Löffel kleine Portionen von der Grammelfülle auf den Teig setzen. Kreise ausstechen, eine Kreishälfte über die Fülle klappen und die Ränder zusammendrücken, sodass halbmondförmige Tascherln entstehen. Im heißen Öl knusprig backen. Zur gerösteten Leber servieren.

MEIN TIPP

Die Leber nur kurz rösten und „gerade nicht mehr blutig" servieren. Gesalzen wird zuletzt, da die Leber sonst hart wird. Die Grammeltascherln sind mehr als üppig bemessen. Frieren Sie die fertig gefüllten, aber noch nicht gebackenen Tascherln einfach ein. Zum Vorfrosten nebeneinander auf ein Brett legen, sonst kleben die Tascherln unweigerlich aneinander.

VINARIA-TIPP

Chorus Domäne, Weingut Stift Klosterneuburg, Klosterneuburg,
oder ein frisch gezapftes Pils

VARIATIONEN

Probieren Sie die geröstete Leber auch einmal mit Kalbs-, Puten- oder Hühnerleber. Oder – wenn wir schon bei Leber sind – warum nicht wieder einmal gebackene Leber?

VARIATIONEN

Wie erwähnt: Jeder macht das Beuscherl ein wenig anders. Meines mache ich genau so, wie von meiner Mutter überliefert. Kreativität soll ja nicht zum Selbstzweck werden.

Hausbeuscherl

mit Semmelknödel

Beuscherl ist nicht gleich Beuscherl. Jeder macht's ein bisschen anders: Mit Gurkerl oder ohne. Dünnflüssig oder dick. Einmal ist Gulaschsaft dabei, einmal nicht. Ich bereite das Beuscherl so zu, wie es meine Mutter immer gemacht hat. Als Kind konnte sie mich damit zwar nicht begeistern. Aber heute liebe ich es.

Beuscherl
1 Kalbsherz, gewässert
1 Lunge, gewässert
3 l Wasser
1/8 l Essig
2 Zwiebeln
6 Lorbeerblätter
4 Karotten
2 Thymianzweige
12 Pfefferkörner
Salz

2 Zwiebeln
6 EL Schmalz
6 EL Mehl
Beuschelsud
2 EL Majoran
2 EL Thymian
Saft von 1 Zitrone
4 Essiggurkerln
Weißweinessig
Salz, Pfeffer

Semmelknödel
250 g Semmelwürfel
60 g Butter
1 Zwiebel
ca. 1/4 l Milch
3 Eier
2 EL Petersilie, gehackt
40 g Mehl, griffig
Salz

Aus Wasser, Essig, Zwiebeln, Lorbeerblättern, Karotten, Thymian und Pfefferkörnern einen Sud bereiten. Innereien in den kalten Sud legen und kochen (ca. 1,5 Stunden). Fleischstücke aus dem Sud nehmen, abschrecken und auskühlen lassen. Kochsud und Karotten aufheben. Herz und Lunge in feine Streifen schneiden, dabei die Röhren und Sehnen entfernen.

Geschnittene Zwiebeln im Schmalz anbraten, Mehl dazugeben und eine dunkle Einbrenn bereiten. Mit dem Beuschelsud aufgießen, mit Majoran, Thymian, Salz, Pfeffer und Zitronensaft und Essig würzen und unter ständigem Rühren verkochen lassen (ca. 20 Minuten). Karotten und Gurkerln in feine Streifen oder Würferl schneiden und gemeinsam mit den Fleischstreifen in die Beuschelsoße geben.

Für die Semmelknödel klein geschnittene Zwiebel in Butter hell anrösten. Eier, Petersilie und Milch verrühren, salzen und über die Semmelwürfel gießen und ziehen lassen. Die angerösteten Zwiebelwürfel mit der flüssigen Butter zu den eingeweichten Semmelwürfeln geben und gut vermengen. Das Mehl unterheben und mit nassen Händen Knödel formen. In Salzwasser ca. 15 Minuten köcheln.

Das Beuscherl mit einem Semmelknödel servieren.

VINARIA-TIPP
Riesling (Gastro-Magnum), Weingut Günther Brandl, Zöbing,
oder ein Glas Bier

Geröstetes Hirn mit Ei

mit Salzerdäpfeln

Schon vor über 100 Jahren, als mein Urgroßvater das Wirtshaus Jell führte, war das Hirn mit Ei eine beliebte Speise. Damals oft noch als „Gabelfrühstück", heute oft als Hauptspeise oder als kleines Gangerl zwischendurch.

Hirn grob hacken. Klein geschnittene Zwiebel in Schmalz anrösten, Hirnstücke dazugeben und kurz mitrösten. Eiklar und Petersilie unterrühren und leicht stocken lassen, salzen und pfeffern. Dotter in einer Eischalenhälfte separat servieren.

MEIN TIPP

Dazu passen sehr gut Blattspinat, Petersilerdäpfel, Mangold oder einfach ein resches Semmerl.

Geröstetes Hirn
600 g Schweinshirn, gut geputzt
2 EL Petersilie, gehackt
4 Eier
1 Zwiebel
1 EL Schmalz
Salz, Pfeffer

VINARIA-TIPP

Welschriesling Kabinett, Weingut Gerhard Lobner, Mannersdorf

Rahm-Nierndln
4 Kalbsnieren, küchenfertig
4 Scheiben Frühstücksspeck
1 kleine Zwiebel
1 TL Schmalz
1 EL Mehl
1/16 l Weißwein
1/16 l Suppe
1/2 TL Majoran
1/16 l Rahm
Salz, Pfeffer

VINARIA-TIPP

Grüner Veltliner Kalmuck,
Weingut Mauritiushof,
Franz Josef Gritsch

Rahm-Nierndln

Eine Vorwarnung: Wer sich für Innereien nicht erwärmen kann, der sollte lieber gleich die Finger von dieser Speise lassen. Nierndln sind nicht jedermanns Sache. Die Liebhaber von Innereien aber – und das sind viele meiner Gäste – dürfen sich auf einen echten Klassiker der Wirtshausküche freuen.

Speck und Zwiebel fein schneiden und im Schmalz anrösten. Nierndln mit Küchenkrepp trockentupfen, feinblättrig schneiden und mitrösten. Mit Mehl stauben, kurz durchrösten, mit Weißwein ablöschen und mit Suppe aufgießen. Mit Salz, Pfeffer und Majoran würzen. Die Nierndlstücke mit einem Lochschöpfer aus dem Saft heben und auf Tellern anrichten. Den Saft nochmals kurz einkochen lassen, mit Rahm binden und über die Nierndlstücke gießen.

MEIN TIPP

Je nachdem, ob die Nierndln Hauptmahlzeit oder Zwischengang sein sollen, nehmen Sie als Beilage Salzerdäpfel oder ein Stück Schwarzbrot. Es können aber auch – wie ich es auf meiner Karte habe – Grammeltascherln sein.

NACHSPEISEN

VARIATIONEN

Seitdem ich Valrhona, diese perfekte Mischung unterschiedlicher Kakaosorten, probiert habe, kommt mir keine andere Schokolade in die Mousse. Der bittere, edle Geschmack der Valrhona, die dunkle Färbung und der Duft regen alle Sinne an und bilden mit der herben Süße des Orangenragouts einen herrlichen Kontrast. Muss es unbedingt die Valrhona aus Frankreich sein? Geht das nicht auch mit einer anderen Schokolade? – Freilich geht's, wichtig ist ein Kakaogehalt von mindestens 50% und mehr. Generell aber gilt: Je besser die Schokolade, desto besser die Mousse.

Dunkle Schokomousse

von der Valrhona-Schokolade auf Orangenragout

Schokomousse
1 Ei
1 Dotter
150 g Valrhona-Schokolade
1/4 l Obers

Orangenragout
2 Orangen
1/8 l Orangensaft
1/16 l Orangenlikör
(z.B. Grand Marnier)
Saft von 1 Zitrone
2 EL Staubzucker
4 EL Orangenmarmelade
1 TL Maizena
2 TL Wasser (zum Binden)

Schokolade im Wasserbad schmelzen. Dotter und Ei über Dunst schaumig schlagen, die überkühlte, aber flüssige Schokolade unterrühren. Etwas erkalten lassen und das steif geschlagene Obers unterziehen. Die Mousse in den Kühlschrank stellen und mindestens drei, aber maximal 24 Stunden durchkühlen.

Orangensaft, Orangenlikör, Zucker und Zitronensaft kurz aufkochen lassen. Orangenmarmelade dazugeben.

Die Orangen schälen, filetieren und unter das Orangenragout mengen. Maizena und Wasser verrühren, das Ragout damit binden und erkalten lassen.

Aus der Mousse mit zwei Löffeln, die immer wieder in kaltes Wasser getaucht werden, Nockerln formen und auf dem Orangenragout anrichten.

MEIN TIPP

Orangen filetieren schreckt viele ab, geht aber ganz einfach und schnell: Zuerst die Orange mit einem scharfen Messer schälen. Dazu setze ich die Orange auf ein Brett und schneide großzügig von oben nach unten die Schale weg. Dann nehme ich die geschälte Frucht in die hohle Hand und schneide mit dem Messer immer entlang der Trennhäute bis zum Inneren. Beim zweiten Schnitt hebt man gleich die filetierte Spalte heraus. Das Ganze findet über einem Teller statt, um den austretenden Saft aufzufangen. Zum Schluss die Trennhäute noch mit den Händen auspressen, damit geht kein Saft verloren.

VINARIA-TIPP

Gelber Traminer Reserve, Weingut Undhof-Salomon, Krems

Vanille-Grießnockerln in Erdbeersuppe

Klingt raffiniert, schmeckt ausgezeichnet und ist dabei ganz rasch zubereitet. Außerhalb der Erdbeersaison tun es natürlich auch gefrorene Früchte, die man kurz antauen lässt. Zumindest ab und zu sollten Sie allerdings die Vanille-Grießnockerln auch in einer Erdbeersuppe aus echten Walderdbeeren genießen. Die kriegen Sie entweder am Bauernmarkt oder Sie starten selbst eine Pflückaktion. Das unvergleichliche Aroma der Walderdbeere wird Sie für die Mühe belohnen.

Grießnockerln
1/ 2 l Milch
2 Dotter
80 g Staubzucker
70 g Grieß
1 Vanilleschote
6 Blatt Gelatine
1/2 l Obers
Prise Salz

Erdbeersuppe
250 g vollreife Erdbeeren
80 g Staubzucker
Zitronensaft

Milch, Zucker, Salz und die halbierte Vanilleschote aufkochen, Grieß und Dotter einrühren. Die Grießmasse bei kleiner Hitze einige Minuten quellen lassen. Anschließend die im Wasser eingeweichten und ausgedrückten Gelatineblätter unterrühren und auflösen. Die Masse überkühlen lassen und das geschlagene Obers unterziehen, einige Stunden kalt stellen.

Für die Erdbeersuppe die Erdbeeren mit dem Staubzucker pürieren und mit Zitronensaft abschmecken.

Mit zwei Löffeln Nockerln formen und auf der Erdbeersuppe anrichten.

VINARIA-TIPP
Grüner Veltliner Eiswein, Weingut Summerer, Langenlois

VARIATIONEN

Die Grießnockerln schwimmen auch gerne in Himbeersuppe, Hollerkoch oder Zwetschkenröster (Rezept Seite 211).

VARIATIONEN

Marillenröster, Hollerröster oder Erdbeersuppe (Rezept Seite 208) sind ebenso gute Begleiter für die TopfennockerIn.

Topfennockerln mit Zwetschkenröster

Eine Nachspeise, die ich aus einem alten Rezeptheft meiner Mutter habe. Sie legte – wie ich das heute auch tue – auf vielschichtige Geschmackserlebnisse wert. So wie bei diesem Dessert: Das Säuerliche des Topfens trifft auf die Süße von Frucht- und anderem Zucker und erhält durch die knusprigen Butterbrösel auch noch Biss. Wenn das kein Erlebnis ist!

Zwetschkenröster
1 kg Zwetschken
250 g Staubzucker
1 Zimtrinde

Topfennockerln
30 g Butter
30 g Staubucker
500 g Topfen
120 g Mehl, glatt
1 Dotter
1 Ei
Salz

Butterbrösel
150 g Butter
150 g Brösel
Staubzucker zum Bestreuen

Für den Zwetschkenröster die halbierten, entkernten Zwetschken mit dem Zucker und der Zimtstange köcheln lassen (ca. 1 Stunde), bis die Früchte schön musig sind.

Für die Topfennockerln weiche Butter mit Zucker schaumig rühren. Mit Topfen, Dotter, Ei, Mehl und einer Prise Salz zu einem Nockerlteig verarbeiten. Nockerln formen und im Salzwasser ziehen lassen, bis sie an die Oberfläche kommen (ca. 12 Minuten).

Brösel in Butter vorsichtig auf kleiner Flamme rösten. Die Brösel sollen knusprig sein. Nockerln in Butterbrösel wälzen, überzuckern und auf dem Zwetschkenröster servieren.

VINARIA-TIPP

Weißburgunder Beerenauslese, Weingut Franz Hirtzberger, Spitz

Holunderblüten in Backteig

mit Karottenparfait und Cidre-Minze-Gelee

Wenn im Mai und Juni der Holunder blüht, dann gehört diese feine Nachspeise zum Muss auf meiner Speisekarte.

Karottenparfait
1 Dotter
1 Ei
50 g Staubzucker
1/4 l Obers
1 Karotte, kernig gekocht
Saft von 1/2 Zitrone

Backteig
150 g Mehl, glatt
1/8 Mineralwasser, prickelnd
2 Eier
1 EL Kristallzucker
Salz

Öl zum Backen
4 schöne Holunderblüten

Cidre-Minze-Gelee
Rezept Seite 235

Für das Parfait Dotter, Ei und Zucker mit dem Handmixer schaumig schlagen. Geraspelte Karotte, Zitronensaft und geschlagenes Obers unterheben. Kleine Förmchen mit Butter ausfetten oder eine Rehrückenform mit Klarsichtfolie auslegen und Parfaitmasse einfüllen. Einfrieren.

Für den Backteig Mehl, Mineralwasser, Dotter und Salz zu einem Teig rühren. Eiklar mit einem Esslöffel Kristallzucker steif schlagen und unter den Teig heben.

Holunderblüten am Stiel nehmen und durch den Teig ziehen. Im Öl rasch goldbraun backen.

Förmchen kurz in heißes Wasser tauchen und das Parfait auf Teller stürzen. Die gebackenen Holunderblüten dazulegen, mit einem Löffel Cidre-Minze-Gelee servieren.

MEIN TIPP

Am besten sind die Holunderblüten, wenn sie am Beginn der Blüte stehen und noch nicht voll aufgeblüht sind.

VINARIA-TIPP

Riesling Mailberg Hochlüssen, Weingut Graf Hardegg, Seefeld-Kadolz

VARIATIONEN

Diesen Backteig können Sie vielseitig einsetzen. Zum Beispiel für gebackene Zwetschken, die Sie entkernen und mit einer Mandel füllen.

Halbflüssiger Schokokuchen

mit Vanilleparfait

Bei den süßen Sachen haben Laurent, mein Jüngster, und ich einen klaren Liebling: Schokolade. Deshalb ist der halbflüssige Schokokuchen genau nach unserem Geschmack. Ich hoffe auch nach Ihrem.

Schokokuchen
250 g Bitterschokolade (halbbitter oder bitter, mindestens 50% Kakaoanteil)
180 g Butter
100 g Staubzucker
420 g Eier (mit der Schale gewogen, das sind ca. 6 Stk.)
60 g Mehl, glatt
Butter zum Ausfetten der Förmchen

Vanilleparfait
2 Dotter
1 Ei
100 g Staubzucker
1 Vanilleschote
1/2 l Obers

Schokolade mit der Butter schmelzen. Eier und Zucker schaumig schlagen und vorsichtig unter die flüssige Schokolade rühren. Mehl sieben und unterziehen.

Vier kleine Backförmchen mit Butter ausstreichen, Schokomasse einfüllen und ca. 6–8 Minuten bei 200 Grad im Rohr backen. Rechtzeitig herausnehmen, der Kuchen soll innen noch flüssig sein! Dazu machen Sie am besten die Garprobe mit einem Holzspieß, anders als bei jedem „normalen" Kuchen soll jetzt noch der flüssige Teig am Spieß haften.

Für das Parfait Dotter, Ei, Zucker und das herausgeschabte Vanillemark über Dunst schaumig schlagen. Anschließend wieder kalt schlagen, das erhöht das Volumen und verhindert, dass das in der Folge benötigte Schlagobers flüssig wird. Dann erst das steif geschlagene Obers unterziehen. Masse in ausgefettete Förmchen oder in eine mit Klarsichtfolie ausgelegte Rehrückenform streichen und für einige Stunden tiefkühlen.

Den Schokokuchen noch heiß aus der Form stürzen und mit dem Parfait anrichten.

VINARIA-TIPP
Traminer Trio Mitterweg, Weingut Wimmer-Czerny, Fels am Wagram

VARIATIONEN

Das Parfait ist eine wunderbar wandelbare Sache: Statt mit Vanille versuchen Sie es doch auch einmal mit pürierten Bananen, Erdbeeren, Zimt, Mokka oder flüssiger Schokolade.

VARIATIONEN

Sie können die Schokokugeln auch in Pistazien oder Pinienkernen panieren. Wichtig ist, dass diese fein gehackt sind.

Gebackene Schokokugeln

Auf dieses Rezept bin ich gestoßen, als ich gedanklich mit Weihnachtsbäckerei gespielt habe. Und plötzlich waren diese Schokokugeln in der Mandelpanier da! Eine sündig-feine Sache.

Schokokugeln
300 g Schokolade (halbbitter oder bitter, mindestens 50% Kakaoanteil)
1/4 l Obers
150 g Butter (Zimmertemperatur)
200 g Mandeln, gehobelt
250 g Mehl, glatt
2 Eier
Pflanzenöl zum Backen

Schokolade schmelzen, Obers erhitzen und mit der Schokolade vermischen. Butter unterrühren und die Masse über Nacht oder einige Stunden kalt stellen.

Mit einem Löffel Schokomasse ausstechen und mit kalten Händen kleine Kugeln formen. Dazwischen immer wieder die Hände in kaltes Wasser tauchen, damit sie kühl bleiben.

Schokokugeln in Mehl, verquirlten Eiern und Mandelplättchen sorgfältig panieren.

Portionsweise rasch in heißem Öl goldgelb backen und auf Küchenpapier entfetten.

Als kleine Nachspeise oder zum Kaffee servieren.

MEIN TIPP

„Rinnt denn die Schokolade nicht aus?" – Das ist die erste Frage, die ich immer höre, wenn ich von diesem Rezept erzähle. Tut sie nicht, allerdings muss man beachten, dass das Öl zum Backen wirklich heiß ist. Damit nichts verbrennt, sollten Sie die Kugeln beim Backen auch nicht aus den Augen lassen.

VINARIA-TIPP

Traminer Auslese, Weingut Emmerich Knoll, Unterloiben

Lebkuchenmousse mit Punschsoße

Alle Jahre wieder: Dieses Dessert kommt bei mir so sicher wie der 24. Dezember. Der unvergleichliche Duft nach Lebkuchen und Punsch ist das beste Rezept, um Weihnachtsstimmung in meinem Wirtshaus aufkommen zu lassen.

Punschsoße
1 Tasse Schwarztee
50 g Ananasscheiben, klein geschnitten
Schale von 1 Orange, unbehandelt
1/16 l Orangensaft
1/16 l Rum
1/16 l Rotwein
2 Stamperl Sherry
1 Zimtstange
1 Vanilleschote
1 Gewürznelke
50 g Staubzucker
1 EL Maizena

Lebkuchenmousse
2 Eier
1 Dotter
30 g Staubzucker
50 g geriebene Schokolade
80 g Lebkuchenbrösel
5 g Lebkuchengewürz
1/4 l Obers

Alle Punschsoße-Zutaten aufkochen. Ein bis zwei Tage im Kühlschrank ziehen lassen. Abseihen, aufkochen und mit Maizena binden.

Eier und Dotter über Dampf schaumig schlagen. Zucker, geriebene Schokolade, geriebene Lebkuchenbrösel und das Gewürz unterrühren. Masse überkühlen lassen und das geschlagene Obers unterziehen. Einige Stunden kühl stellen. Mit Hilfe von zwei Löffeln Nockerln ausstechen.

Punschsoße auf Teller verteilen und Nockerln daraufsetzen.

VINARIA-TIPP
Blaufränkisch Strohwein, Weingut Franz und Maria Prechtl, Zellerndorf

VARIATIONEN

Zur Lebkuchenmousse passt auch das Orangenragout von Seite 207 oder ein Kirschenragout: Für Letzteres verwenden Sie Weichseln aus dem Glas und kochen nur den Saft mit Portwein ein. Mit Maizena binden. Wer mag, gibt noch einen Schuss Kirschschnaps dazu. Die Kirschen unterrühren und erkalten lassen.

Schokotarte

Durch den geringeren Mehlanteil einer Tarte hat die Sache mehr Biss als ein flaumiger Kuchen. Und das ist genau das, was ich in Verbindung mit Schokolade brauche.

Schokotarte
150 g Schokolade (halbbitter oder bitter, mindestens 50% Kakaoanteil)
50 g Vollmilchschokolade
100 g Butter
3 Eier
125 g Staubzucker
2 EL Mandelsirup
30 g Mehl, glatt

100 g der Bitterschokolade mit 60 g der Butter schmelzen. Die restlichen 50 g der Bitterschokolade, 50 g Vollmilchschokolade und 40 g der Butter für die Glasur aufheben.

Eier trennen, die Eiklar zu steifem Schnee schlagen.

Dotter und Zucker rühren, bis dickcremige Masse entsteht. Mandelsirup und geschmolzene Schokolade dazugeben. Eischnee und Mehl vorsichtig unterziehen. Den Boden einer Springform (Durchmesser 24 cm) mit Backpapier auslegen und die Schokomasse einfüllen. Im Rohr bei 180 Grad backen (ca. 45 Minuten).

Vollmilchschokolade und restliche Bitterschokolade mit der Butter schmelzen und die ausgekühlte Tarte damit überziehen.

MEIN TIPP

Wenn wir schon bei süßer Sünde sind, dann schlagen Sie noch etwas Schlagobers, geben einen Hauch von Vanillezucker dazu und gönnen Sie sich das Ganze zur Tarte. Die Glasur glänzt schöner, wenn Sie Schokolade und Butter nicht gemeinsam, sondern getrennt schmelzen lassen und dann erst zusammenrühren.

VINARIA-TIPP

Chardonnay Eiswein, Weingut Erwald Walzer, Krems-Gneixendorf

VARIATIONEN

Ein geniales Duo: Schokotarte mit geeister Vanillesoße. Dazu einfach Vanillesoße und Vanilleeis mit dem Stabmixer aufschlagen.

Zwetschkenknödel mit Powidl-Soße

Nicht immer gab's bei uns zu Hause am Freitag Fisch. Die Alternative waren herrlich süß-säuerliche Fruchtknödel, die sich in goldbraunen Bröseln wälzten. Ich weiß noch, dass ich als Kind diese süße Variante lieber hatte als den Fisch. Dafür habe ich mich auch immer tapfer durch die Gemüsesuppe gekämpft, die es vor den Knödeln wie das Amen im Gebet gab.

Knödel
8 schön reife Zwetschken
8 Stk. Würfelzucker
1 kg Erdäpfel, mehlig
350 g Mehl, glatt
1 EL Butter
1 Ei
Salz

Soße
2 EL Powidl
(siehe auch „MEIN TIPP")
2 EL Rotwein
Saft von 1 Zitrone
1 Schuss Rum

Butterbrösel
200 g Brösel
200 g Butter
Staubzucker zum Bestreuen

Für den Teig die Erdäpfel kochen, schälen und durch die Erdäpfelpresse drücken. Butter dazugeben, mit Mehl, Salz und Ei zu einem geschmeidigen Teig verarbeiten. Sollte der Teig zu weich sein, noch etwas Mehl beigeben.

Zwetschken waschen, entkernen und statt der Kerne je ein Stück Würfelzucker in die Frucht stecken. Mit Teig umhüllen, Knödel formen und 15 Minuten in leicht wallendem Salzwasser kochen. Powidl mit Rotwein verdünnen, mit Zitronensaft und einem Schuss Rum glatt rühren.

Brösel in Butter langsam goldbraun rösten, die fertigen Knödel darin wälzen. Einen guten Löffel Powidl auf den Teller streichen, Knödel draufsetzen und mit Staubzucker kräftig bestreuen.

MEIN TIPP

Powidl ist eine Art dick eingekochte Marmelade, nur ohne Zucker. Er ist für viele Mehlspeisen der böhmischen Küche – Powidltascherl, Buchteln, Germknödel – unentbehrlich. Die Zubereitung ist eher zeitaufwändig: 2 kg reife Zwetschken entkernen, faschieren und unter sehr schwacher Hitze so lange kochen, bis der Löffel in der Masse stecken bleibt. Das kann viele Stunden dauern. Einfacher und schneller geht natürlich fertig gekaufter Powidl.

VINARIA-TIPP

Chardonnay Beerenauslese, Vorspannhof Anton Mayr, Dross

VARIATIONEN

Natürlich lassen sich die Knödel je nach Jahreszeit und Vorliebe auch mit anderen Früchten füllen. Zu meinen Standards zählen Marillen-, Erdbeer- und Weingartenpfirsichknödel. Statt des Powidls lege ich für die Marillenknödel ein Löfferl Marillenmarmelade dazu, für die Erdbeerknödel püriere ich frische Erdbeeren und gebe etwas Zitrone und Zucker dazu, die Pfirsichknödel richte ich mit frischen Pfirsichscheiben an. Weingartenpfirsiche kauft man am besten gleich zur Erntezeit bei den Winzern direkt in der Wachau, da werden die köstlich-aromatischen Früchte überall angeboten.

VARIATIONEN

Mit Rieslingschaum können Sie vielen Speisen wie Bratäpfeln, süßem Strudel, aber auch frischen Beeren eine ganz besonders feine Note verleihen. Eine kindergerechte Variante: Statt im Rieslingschaum fühlen sich die Nockerln auch mit Vanillesoße oder Erdbeersuppe (Rezept Seite 208) wohl.

Nussnockerln in Rieslingschaum

Ich habe dieses Rezept von meiner Mutter. Sie hatte es zwar nie auf der Speisekarte, in besonderen Momenten ließ sie sich aber von den Gästen zu den verführerisch-schaumigen Nockerln überreden. Weil Schaum und Nockerln gleichzeitig aufgeschlagen werden müssen und die Nockerln schnell zusammenfallen, ist das Rezept nicht ganz einfach. Aber dafür ist das Ergebnis einfach himmlisch.

Nussnockerln
4 Eier
160 g Staubzucker
140 g Mehl, griffig
20 g Walnüsse, gerieben

Öl zum Backen

Rieslingschaum
1/4 l Riesling
2 Dotter
1 Ei
100 g Staubzucker

Für die Nockerln die Eidotter mit der Hälfte des Zuckers schaumig rühren. Die Eiklar mit dem restlichen Zucker zu festem Schnee schlagen. Mehl und die geriebenen Walnüsse vorsichtig in die Dotter-Zuckermasse einarbeiten und den Schnee unterziehen. Mit einem Esslöffel Nockerln formen und im heißen Öl schwimmend goldgelb backen.

Für den Rieslingschaum Wein, Dotter, Ei und Zucker über Dunst schaumig schlagen.

Die Nockerln im Rieslingschaum anrichten und mit Staubzucker bestreuen.

VINARIA-TIPP
Riesling Eiswein, Weingut Schloss Gobelsburg

Grießschmarren

Ich gehöre zu jener Generation, die mit Grieß aufgezogen wurde. Und trotzdem kann ich noch nicht genug davon bekommen. Ich mag Grieß zum Fleisch, ich mag Grießnockerln, Polenta, Grieß mit Speck. Und ich mag den klassischen Grießschmarren ...

Grießschmarren
1 Zitrone, unbehandelt
1/2 l Milch
250 g Grieß, grob
1 Ei
100 g Butter
30 g Staubzucker
50 g Rosinen
Salz

Staubzucker zum Bestreuen

Zwetschkenröster
1 kg Zwetschken
250 g Kristallzucker
1 Zimtstange

Milch mit einer Prise Salz aufkochen. Grieß einrühren und einkochen bis die Masse dick ist. Etwas abkühlen lassen und ein Ei unterrühren. In einer Pfanne Butter heiß werden lassen und die Grießmasse eingießen. Zugedeckt im Rohr bei 200 Grad ca. 30 Minuten fertig backen. Die Grießmasse ein- bis zweimal mit Gabeln – wie einen Kaiserschmarren – zerreißen und weiterbacken. Dabei auch den Zucker und die Rosinen einarbeiten.

Für den Zwetschkenröster die halbierten und entkernten Zwetschken mit dem Zucker und der Zimtstange unter ständigem Rühren zu einem dicklichen Mus verkochen.

Grießschmarren mit Staubzucker bestreuen und mit Zwetschkenröster servieren.

VINARIA-TIPP
Chardonnay Trockenbeerenauslese, Weingut Walter Buchegger, Gedersdorf

VARIATIONEN

Probieren Sie den Grießschmarren auch einmal in einer pikanten Variante ohne Rosinen, Zucker und Zitronenschale aus. Nehmen Sie stattdessen Petersilie, Zwiebel und Speck. Mit einem knackigen Blattsalat ergibt das eine feine Hauptspeise. Zum süßen Schmarren passt übrigens auch ein Löffel Pfirsich-Walnuss-Marmelade (Rezept Seite 235) sehr gut.

Biskuitroulade

Rascher geht wohl kaum etwas Selbstgebackenes, das von Kindern und Erwachsenen gleichermaßen geliebt wird und dabei so vielseitig ist.

Backrohr auf 200 Grad vorheizen. Eier und Kristallzucker schaumig rühren, Mehl unterziehen. Teig auf ein Blech mit Backpapier streichen und backen (ca. 8 Minuten). Backpapier abziehen, den Teig noch heiß rollen und auskühlen lassen. Teigrolle öffnen und mit Marillenmarmelade bestreichen. Wieder einrollen und mit Staubzucker bestreuen.

VARIATIONEN

Fast noch lieber als mit Marillenmarmelade serviere ich die Roulade mit Erdbeerschaum: Dazu 250 g Erdbeeren halbieren oder vierteln, mit 2 EL Stauzucker und dem Saft einer Zitrone marinieren. Ziehen lassen. Den Saft abgießen, damit die Fülle kompakt bleibt. 1/4 l Obers schlagen und die marinierten Früchte unterheben. Die Roulade rasch essen, da der Erdbeerschaum leicht flüssig wird.

Teig
6 Eier
250 g Kristallzucker
200 g Mehl, glatt

200 g Marillenmarmelade, passiert
Staubzucker zum Bestreuen

VINARIA-TIPP
Grüner Veltliner Hiesberg Reserve, Weingut Wolfgang Groll, Langenlois

Gugelhupf
300 g Butter
200 g Staubzucker
1 Vanilleschote
1 Zitrone, unbehandelt
3 Eier
2 Dotter
2 EL Rosinen

250 g Mehl, glatt
50 g Stärkemehl
Staubzucker zum Bestreuen

VARIATIONEN

Ein Marmorgugelhupf wird´s, wenn Sie die Rosinen weglassen und 1/3 der Teigmasse mit Kakaopulver vermischen.

VINARIA-TIPP

Grüner Veltliner Auslese, Nikolaihof, Mautern

Großmuttis Gugelhupf

Schnell und gut – so beschreibt man diesen Gugelhupf am besten. Ich hab das Rezept von meiner Mutter und die hat es wieder von ihrer Mutter erhalten. Oma hat den Gugelhupf in den Kaffee getunkt, meine Kinder streichen sich gern etwas Marmelade drauf. Ich mach diesen Gugelhupf bei mir zu Hause, wenn ich schnell eine feine Mehlspeise zum nachmittäglichen Sonntagskaffee brauche.

Backrohr auf 170 Grad vorheizen. Mit dem Krenreißer die Schale von der Zitrone reiben. Weiche Butter mit Staubzucker, Zitronenschale und dem ausgeschabten Mark der Vanilleschote schaumig rühren. Nach und nach drei Eier unterrühren, danach die beiden Dotter und die Rosinen einarbeiten. Mehl und Stärkemehl mischen und unter die Masse ziehen.

Eine große Gugelhupfform (Durchmesser 24 cm) mit Butter ausstreichen und mit etwas Mehl bestreuen. Die Masse einfüllen und bei 170 Grad backen (ca. 45 Minuten). Den Gugelhupf noch lauwarm aus der Form stürzen, etwas auskühlen lassen und mit Staubzucker bestreuen.

Panna Cotta

Ein kleiner Ausflug nach Norditalien, wo das „Gekochte Obers" seinen Ursprung hat. Für mich ist Panna Cotta ein „gehobener Pudding", der einfach zuzubereiten und sehr wandelbar ist. Und das Wichtigste: meine ganze Familie liebt es.

Vanilleschoten der Länge nach aufschneiden und im Obers ca. 15 Minuten köcheln lassen. Vanilleschoten herausnehmen, das Mark herausschaben und mit dem Zucker ins Obers geben. Eingeweichte und ausgedrückte Gelatine beigeben und auflösen. Panna Cotta in Förmchen füllen und einige Stunden kalt stellen. Mit frischen Früchten anrichten.

MEIN TIPP

Damit sich die Creme gut aus den Förmchen löst, spülen Sie diese vor dem Einfüllen mit kaltem Wasser aus. Vor dem Servieren die Förmchen ganz kurz in heißes Wasser tauchen und stürzen.

Panna Cotta
1/2 l Obers
2 Vanilleschoten
50 g Kristallzucker
2 Blatt Gelatine

VARIATIONEN

Mal etwas ganz Anderes: Kräuter-Panna Cotta. Statt Zucker mengen Sie dem Obers nach dem Köcheln 4 EL fein gehackte Kräuter (Petersilie, Schnittlauch, Estragon, Basilikum, Dill, Kerbel) bei. Mit Salz, Pfeffer und etwas Zitronensaft würzen und die Gelatine beimengen. Die Kräuter-Panna Cotta schmeckt sehr gut als Vorspeise mit einem Tomatensalat.

VINARIA-TIPP

Bouvier Ausbruch,
Weingut Laurer,
Deinzendorf

Strudel
1 Rolle Strudelteig, tiefgekühlt

Topfenfülle
150 g Butter
60 g Staubzucker
1 Vanilleschote
1 Zitrone, unbehandelt
3 Eier
350 g Topfen
1 EL Maizena
80 g Kristallzucker
60 g Rosinen
Salz
Staubzucker zum Bestreuen

Vanillesoße
1/2 l Milch
10 g Puddingpulver mit Vanillegeschmack
2 Eier
30 g Kristallzucker

VINARIA-TIPP

Eiswein,
Weingut Zuschmann,
Martinsdorf

Topfenstrudel mit Vanillesauce

Wie die meisten Fleischtiger sind alle Mitglieder meiner Familie auch begeisterte Süßspeisenesser. In dieser Kategorie gehört der Topfenstrudel mit Vanillesoße zu den absoluten Lieblingen im Hause Jell.

Weiche Butter mit Zucker schaumig rühren. Ausgeschabtes Vanillemark, Salz und abgeriebene Zitronenschale dazugeben. Eier trennen und die drei Dotter einzeln unterrühren. Anschließend Topfen und Maizena unterrühren. Drei Eiklar und den Kristallzucker zu steifem Schnee schlagen. Rosinen dazugeben. Schnee unter die Topfenmasse ziehen. Strudelteig auf einer Arbeitsfläche ausrollen und Topfenmasse aufstreichen. Einrollen und bei 190 Grad ca. 30 Minuten backen. Für die Vanillesoße zwei Drittel der Milch erhitzen und das weitere Drittel mit Puddingpulver abrühren. Gemeinsam aufkochen. Eier mit Zucker schaumig schlagen und unter die Vanillesoße rühren. Strudel mit der Vanillesoße servieren.

MEIN TIPP

Kurz vor Ende der Backzeit den Teig mit Butter bestreichen, dann wird der Strudel besonders schön goldgelb.

Marillenkuchen

ganz einfach und gut

Dieser flaumige Marillenkuchen hat neben seinem guten Geschmack weitere Vorteile: Er ist ganz einfach herzustellen und macht viel her. Außerdem hat man oft auch mal Eidotter übrig, und die lassen sich bei diesem Teig gut verwerten.

Backrohr auf 180 Grad vorheizen. Marillen entkernen und halbieren. Weiche Butter mit Zucker schaumig rühren. Eier, Dotter, Mehl und abgeriebene Zitronenschale dazugeben und unterrühren. Teig auf ein Backblech streichen und dicht mit den Marillenhälften belegen. Mit den gehobelten Mandeln bestreuen und bei 170 Grad backen (ca. 45 Minuten). Nach dem Erkalten mit Staubzucker bestreuen.

VARIATIONEN

Wenn Sie gerade frische Pfirsiche oder Zwetschken haben, nur zu! Der Kuchen schmeckt auch mit diesen Früchten gut.

Marillenkuchen
500 g Marillen
400 g Butter
250 g Staubzucker
3 Eier
2 Dotter
400 g Mehl, glatt
1 Zitrone, unbehandelt
2 EL Mandeln, gehobelt
Staubzucker zum Bestreuen

VINARIA-TIPP

Riesling Auslese,
Johanneshof Reinisch,
Tattendorf

Marillenstrudel
2 Rollen Strudelteig, fertig gekauft
1,5 kg Marillen
250 g Biskotten
100 g Mandelsplitter
100 g Semmelbrösel
1 EL Butter
120 g Staubzucker
1/16 l Marillenbrand
100 g Butter

VINARIA-TIPP

Riesling Auslese, Weingut Emmerich Knoll, Unterloiben

Marillenstrudel

Ich freu' mich jedes Jahr, wenn die Marillen in der Wachau zwischen den Blättern hervorleuchten. Fast eine Verpflichtung für mich als Wirtin in Krems, neben Apfel- und Zwetschkenstrudel auch der Marille ihren eigenen Strudel zu widmen.

Die ganzen Marillen kurz überkochen, bis sich die Haut löst. Haut abziehen, Marillen entkernen und in Spalten schneiden. Wen die dünne Haut nicht stört, der muss die Marillen nicht schälen. Den Strudelteig ausrollen und mit der Hälfte der zerlassenen Butter bestreichen. Biskotten in kleine Stücke brechen. Biskottenstücke, Mandelsplitter, in Butter geröstete Semmelbrösel, Staubzucker, Marillenbrand mit den Marillenspalten gut vermischen und auf dem Strudelteig verteilen. Strudelfülle mit den restlichen 50 g der zerlassenen Butter beträufeln. Strudel rollen und ca. 30 Minuten bei 180 Grad backen. Lauwarm anrichten und mit Staubzucker bestreuen.

MEIN TIPP

Pur ist dieser Strudel natürlich ein Gedicht. Probieren Sie's aber auch mal mit Vanilleeis, Vanillesoße oder mit Rieslingschaum (Rezept siehe Seite 225).

Aus meiner Vorratskammer

Wo fang' ich an, wo hör' ich auf? – Natürlich gibt es in meiner Vorratskammer noch jede Menge weiterer Feinheiten, die ich je nach gewünschter Geschmacksrichtung einsetze. Bei Ideenfindung und Zubereitung steht mir immer meine „Vorrats-Ministerin" Gertraud Völkl zur Seite. Ich habe mich für sechs Rezepte entschieden, die vielleicht noch nicht so bekannt sind. Mit Hilfe dieser Köstlichkeiten sind Sie in der Lage, Ihren Speisen eine ganz besondere Note zu verleihen. Ein Griff zum Vorratsglas genügt.

Zucchini-Ketchup

1 kg Zucchini würfelig schneiden und mit 1 klein geschnittener Zwiebel in 2 EL Olivenöl andünsten. Eine in Scheiben geschnittene Zitrone dazugeben und mit 2 EL Currypulver, Salz, 150 g Zucker und 80 g frischem, klein geschnittenem Ingwer zugedeckt schmoren lassen (ca. 20 Minuten). Alles mit dem Mixstab pürieren. 3 größere Chilischoten und 12 Basilikumblätter dazugeben, nochmals aufkochen lassen und noch heiß in saubere und gut verschließbare Gläser füllen.

PASST GUT ZU: Fleisch, Fisch, Gebackenem, Gegrilltem

Zucchinikraut mit Paprika

3 kg Zucchini grob raffeln, 4 große Zwiebeln in feine Ringe schneiden, 4 gelbe oder rote Paprika in feine Streifen schneiden. Zutaten mit 2 EL Salz vermischen und ca. 4 Stunden ziehen lassen. Gut ausdrücken. 1 l Wasser, 200 g Zucker und 1/2 l Essig aufkochen. Zucchini und Zwiebeln im Sud 3–4 Minuten kochen. Noch heiß in saubere und gut verschließbare Gläser füllen.

PASST GUT ZU: gekochtem, kaltem Rindfleisch, Sulzen und Gegrilltem

Paprika-Pfefferoni-Marmelade

3 Paprika (rot, gelb, grün), 3 scharfe, kleine rote Pfefferoni und 3 mittelgroße, entkernte und in Würfel geschnittene Äpfel in 100 ml Apfelessig mit 4 TL Honig kochen (ca. 10 Minuten). Mit dem Stabmixer zerkleinern und nochmals mit 100 g Gelierzucker, 150 ml starkem Pfefferminztee und 10 g Einlegegewürz einköcheln, bis eine dickliche Masse entsteht. Noch heiß in saubere und gut verschließbare Gläser füllen.

PASST GUT ZU: Dinkel-Kaiserschmarren. Oder überall, wo Sie sonst Ketchup verwenden würden …

Kürbis-Chutney

1 kg Kürbisse schälen, entkernen und in feine Würfel schneiden. 1/8 l Weißweinessig, 1/8 l Weißwein, 1/2 l Wasser, 400 g Zucker, Saft einer Zitrone, Salz und 1 Zimtrinde aufkochen. Kürbiswürfel mit 500 g klein geschnittener Zwiebel anbraten. Mit dem Sud aufgießen und aufkochen. Mit dem Stabmixer pürieren und noch heiß in saubere und gut verschließbare Gläser füllen.

PASST GUT ZU: Gegrilltem, Huhn, Paniertem, aber auch zu Dinkel-Kaiserschmarren

Pfirsich-Walnuss-Marmelade

1 kg reife Pfirsiche entkernen, in Würfel schneiden, mit 450 g Zucker und dem Saft von 2 Zitronen vermischen. Über Nacht gekühlt ziehen lassen. Am nächsten Tag das Obst mit dem Saft aufkochen, bis die Pfirsichstücke glasig werden (ca. 20 Minuten). Das Obst mit einem Schaumlöffel aus der Flüssigkeit heben und die Flüssigkeit anschließend kräftig einkochen, bis sie eindickt. Pfirsichstücke und 230 g Walnusskerne untermischen und in saubere und gut verschließbare Gläser füllen.

PASST GUT ZU: würzigem Käse, Gänseleber, cremigem Eis und Parfaits

Cidre-Minze-Gelee

1/4 l kochendes Wasser über 100 g frische Minzeblätter gießen und 15 Minuten ziehen lassen. 1/8 l vom Sud mit 3/8 l Cidre (französischer Apfelwein), dem Saft einer halben Zitrone und 675 g 1:1-Gelierzucker vier Minuten kochen lassen bis die Masse geliert. Noch heiß in saubere und gut verschließbare Gläser füllen.

PASST GUT ZU: allen Weichkäsesorten, Schafkäse, aber auch zum Marinieren von gekochtem Gemüse

Ulli Amon-Jell, Fritz Gillinger
Wirtshauskochbuch
ISBN 3 85326 396 8
1. Auflage, Ausgabe 2005/2006

Verleger Erwin Goldfuss
Text Fritz Gillinger
Projektleitung Susanne Permoser-Gastegger
Grafische Gestaltung Karin Fischer
Fotos Thomas Apolt
Food-Styling Meinrad Neunkirchner
Weintipps Karl Müllauer für VINARIA,
Österreichs führende Zeitschrift für Weinkultur

Druck Druckerei Janetschek, 3860 Heidenreichstein

Vetrieb Buchhandel NP BUCHVERLAG
Niederösterreichisches Pressehaus
Druck- und Verlagsgesellschaft mbH
St. Pölten – Salzburg
www.np-buch.at

Einzelbestellungen und sonstige Vetriebsformen LW Werbe- und Verlagsgesellschaft m.b.H.
office@lwmedia.at
0043 (0)2742 / 801 DW 1309

Bibliografische Information der Deutschen Bibliothek
Die Deutsche Bibliothek verzeichnet diese Publikation in der Deutschen Nationalbibliografie; detaillierte bibliografische Daten sind im Internet über http://dnb.ddb.de abrufbar.